Chris Tall

Selfie von Mutti!

Wenn Eltern cool sein wollen

Mit einem
Nachwort von
Torsten Sträter

Inhalt

Das Wetter war während des gesamten Aufenthalts leider düster und schwül und es gab einige Erdbeben, die aber, soweit erkennbar, keinen größeren Schaden angerichtet haben. Temperatur so um die 37 Grad. Das Zimmer ist klein und gemütlich, aber auch ziemlich eng. Doppelbett nicht vorhanden, Minibar auch nicht. Hier einen Stern Abzug, weil das Zimmer doch sehr feucht ist und die Aussicht zu wünschen übriglässt. Und rote Raufasertapete ist echt nicht mein Stil. Das abwechslungsreiche Essen wird regelmäßig und reichlich geliefert. Super, nur den Quatsch mit den Gewürzgurken mit

KOMFORT:	★★☆☆☆
ESSEN:	★★★★☆
BESCHÄFTIGUNG:	★★☆☆☆
GESAMTBEWERTUNG:	★★⯪☆☆

Nutella hab ich nicht verstanden. Die Beschäftigung beschränkt sich leider auf eine etwas launische Alleinunterhalterin, die unangenehm viel über mich weiß und manchmal fast aufdringlich wirkt. Ständig erzählt sie irgendwelchen Menschen, wer ich bin und was ich tue. Sind wir hier bei Big Brother? Nach neun Monaten wurde ich dann anscheinend nominiert und rausgevotet – danke, Mama! Ihre Stimme kann aber sehr beruhigend sein und hilft beim Einschlafen. Auch singen konnte sie sehr gut. Vorschlag: Wolfgang Petry ersetzen durch CRo. Das Sportprogramm wegen der Enge etwas begrenzt, aber Stretching und ausdauerndes Kickboxen sind möglich. Insgesamt war ich mit dem Aufenthalt sehr zufrieden, jedoch sollte es ein einmaliges Erlebnis bleiben.

„Hallo, kleiner Mann, kannst du mich hören?"

„... Was? Wer ist da ...? Ich penn doch gerade ..."

„Hey, kleiner Spatz, bist du wach? Du süßer, kleiner Mausebauch, deine Mutti hat dich ganz doll lieb!"

„Okay, und dafür hast du mich jetzt geweckt? Oder gibt's wenigstens Essen?"

„Ach, ich wünschte, du könntest schon reden. Dann konntest du mir alles erzählen ..."

„Könnte ich ... würd ich aber nicht!"

„... wir brauchen keine Geheimnisse voreinander zu haben ..."

„Oh doch!"

„... und wir können überall zusammen hingehen ..."

„Nope!"

„Hach, aber es dauert noch so lange, bis du endlich da bist."

„Hey, warte mal, weinst du, Mutti? Ey, das ist unfair! Hey, mach keine Dellen in meinen Bauch! Lass das! Ich trete zurück!"

„Oh! Warst du das, mein schnubbeliger Schmusetiger? Hast du deine Mutti lieb? Hast du ... ja, hast du?"

„JAAAA, HAB ICH, Mutti, deswegen musst du hier ja nicht gleich die Bude einreißen! Und was ist eigentlich mit Chris passiert? Das ist doch ein astreiner Name!"

„Ach mein kleiner Chris ..."

„Geht doch!"

„Kleiner Chrissi ..."

„Puh ..."

„Ohh, wir haben ja noch lecker Gewürzgurken, wo ist denn das Nutellaglas ...?"

„Neeeeeein!"

„Verdammt – dann esse ich jetzt diese Pizza. Ist ja für uns beide, ne!"

„Sehr gut, Mutti. Du bist die Beste!"

Die Bio-Mutti

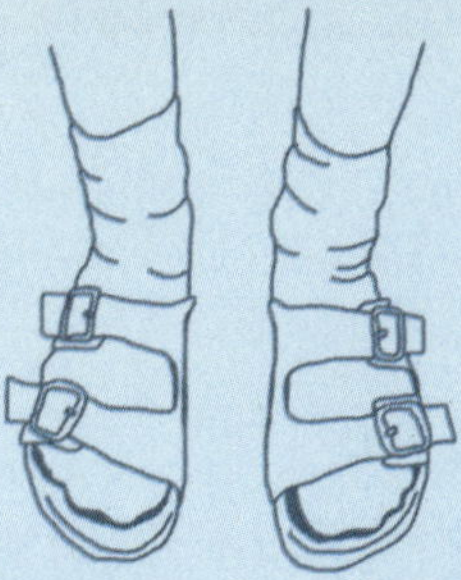

BERUF: Mama

TYPISCHES ZITAT:
„Und? Sitzen die Wollschlüpfer?"

TYPISCHER NAME:
Dörte

AUSSEHEN:
Wollrock; Birkenstock-Sandalen; kein Make-up; Herbstfarben; graue Strähnen (gefärbt)

VERHALTEN:
Überall Duftkerzen; Kräutergarten; Frauentreffen bei Vollmond

FAHRZEUG:
Fahrrad mit 2 Körben

Peinlich!

Ich esse gerade ein Stück Kuchen (kein besonderer Anlass), da kommt meine Mutter rein. Und schon an ihrem Gang und dem verlegenen Grinsen merke ich: Da ist was faul. „Mama, komm – erspar uns das bitte", denke ich. „Das ist für uns beide peinlich." Aber sie hat bereits in den Obstkorb gegriffen und hält mir Schwupps! eine Banane vors Gesicht:

„CHRIS ..."

„Mama, bitte!"

„Chris, das ist wichtig – auch für deine Freundin!"

„Mama, lass das doch jetzt!"

„Ich muss es dir jetzt einfach sagen, dieses Gespräch führen wir jetzt!"

„Mama, das ist richtig peinlich!"

„Das hast du dir selbst zuzuschreiben!"

„Nimm doch mal den Penis aus meinem Gesicht, das ist eklig!"

„Das ist ne Banane und nicht eklig. Das ist gesund! Chris, du bist zu dick – iss endlich mehr Obst!"

Die schlimmsten Elternsprüche: Nr. 8

„Denk dran, deine Freundinnen kommen und gehen, aber Mutti ist immer da!"

Schule – ein Traum

Montagmorgen, 1. Stunde Mathe. Die Müller-Schmidtmaier kommt rein. Scheiße.

„Guten Morgen, liebe Klasse!" Die Müller-Schmidtmaier strahlt vom Lehrerpult wie ein Einhorn auf Drogen.

„Ich hoffe, es geht euch allen gut. Und besonders dir, lieber Chris!" Ich schaue erschrocken nach vorne … **HAT SIE WAS GEGEN MICH IN DER HAND?** Steht der Direktor schon draußen? Meine Eltern?! Langsam und vorsichtig höre ich auf zu kippeln, setze mich gerade hin und sage: „Erm … danke, Müller-Shit… ähh, Frau Müller-Schmidtmaier, mir geht's … gut."

„Super, dann teile ich mal die Tests aus."

Okay, die ist DURCHGEKNALLT! Ich sehe mich um. Die anderen zucken mit den Schultern und gucken ratlos. Da flattert der Test auf meinen Tisch. Auf dem Blatt prangt eine **DICKE, FETTE EINS!** Mit Sternchen!!

Der Schultag fliegt vorbei. Zuhause kommt mir nicht nur meine summende Mutti entgegen, sondern auch der unwiderstehliche Geruch von … „Mutti, gibt es Milchreis zum Mittag?"

„Hallo, mein Schatz! Ich hoffe, die Schule war nicht zu stressig! Jetzt komm erst mal rein, **ICH HABE DEIN LIEBLINGSESSEN GEKOCHT!**" Ich lasse mich von Mutti in die Küche ziehen. Ist was passiert? Habe ich meinen eigenen Geburtstag vergessen? Selig fange ich an zu lächeln. Mein Bauch ist voll, die Sonne scheint, meine Mutter spricht davon, dass ich ja den Nachmittag gerne mit der Xbox verbringen kann …

BOOM … FAST EINGENICKT.

Die Schmidtmaier haut mir meine wohlverdiente 5 um die Ohren. Na ja, immerhin, trotzdem besser als sonst.

Muttis Logik – ein Albtraum!

Heute ist der schönste Tag meines Lebens, ich habe eine Zwei in Mathe zurückbekommen. Ich bin so glücklich, ich habe im Bus nackt an der Stange getanzt. Dann komme ich nach Hause – und meine Mutter fragt abfällig:

„Wie war die Schule?"

„War super!"

„Hör auf mit deinem Sarkasmus – wie war die Schule?"

„War wirklich super, hab ne Zwei in Mathe geschrieben."

„UND ALI?"

„Ehmm … ne Eins …"

„UND WARUM DU NICHT?"

„Wie, warum ich nicht?"

„NA WAR JA ANSCHEINEND MÖGLICH!"

Das sind die Gespräche, die man nach der Schule einfach nicht führen möchte, und das Krasse ist: Am nächsten Tag das gleiche Spiel. Fragt sie mich: „Wie war's in der Schule?"

„War kacke."

„Wieso?"

„Ich hab ne Drei in Bio zurückbekommen. ABER bevor du meckerst, Ali hat ne Vier!"

Da sagt sie:

„MICH INTERESSIERT NICHT, WAS DIE ANDEREN HABEN!"

Dafür liebe ich meine Mutter: für ihre Kreativität.

Hausaufgaben mit Eltern

Papa-Sprüche

> Du machst das schon ...
>
> Was? Wofür brauchst du denn den Mist später?
>
> Oh Gott, ist das ein Quatsch!
>
> Mir hat früher auch keiner geholfen!

VERHALTEN:
Glaubt dir alles; ist immer auf deiner Seite; kann nicht Nein sagen.

TYPISCHE ZITATE:
„Wirklich? Du hast schon wieder das Busgeld verloren? So ein Pech, du Armer!" – „Das find ich aber auch gemein, dass der Lehrer den Test nicht vorher angekündigt hat!" – „Das ist jetzt aber wirklich das letzte Mal, Mäus-chen!"

AUSSEHEN:
Riesenrucksack mit Glasflaschen drin; Kind auf dem Arm

Die Naive

BERUF:
Macht einem Makler die Buch-haltung; er will sie bezahlen, sobald er mal Geld hat.

TYPISCHER NAME:
Brigitte

FAHRZEUG:
9 Jahre alter Skoda Kombi

Die Top 10
der Schuldgefühle

„Kannst du mal bitte ...
Danke, ich mach's schon selbst!"

„Ach, du lebst auch noch?"

„Oh, der Herr kann es einrichten ...!"

„Ich will mich ja nicht aufdrängen ..."

„Ich will ja nichts sagen, aber ..."

„Du musst mit den Konsequenzen leben ..."

„Ich wollte nur helfen."

„Da steh ich den ganzen Tag in der Küche,
und das ist der Dank ..."

„Nein, du hast Recht, Pokémon
ist halt IN, dafür gehe ich gerne
einen Monat arbeiten!"

„Du kannst ruhig auf die Klassenfahrt
fahren. Ich muss ja nix essen ..."

TYPISCHER NAME: Dieter

AUSSEHEN: Rautenpulli, Cordhose, Schnurrbart, Seitenscheitel

TYPISCHES ZITAT: „Hab ich doch gleich gesagt."

VERHALTEN: Korrigiert Rechtschreibung auf Einkaufszetteln (nachher)

Der Besser-wisser

BERUF: Lehrer

FAHRZEUG: Liegerad

Peinlich!

Das ist das Horrorszenario überhaupt: Ich hab einen Kumpel zu Besuch, muss auf Toilette und jetzt schnappt meine Mutter eiskalt zu. Sie packt sich meinen Freund und spielt „Guter Bulle, Böser Bulle". Bis auf den letzten Tropfen wird er ausgequetscht. „Kommt Chris immer pünktlich zur Schule? Benimmt er sich? Trinkt er genug? Hat er ne Freundin? Vielleicht nen Freund?" Ich würde ihn gerne wie ein Agent aus dem Verhör befreien, aber ich habe auf dem Klo einen Code CCC – Chili con Carne. Nichtsdestotrotz habe ich beschlossen, mich zu rächen, und ich bin wirklich gespannt, was Muttis Kollegin Sabine aus dem Büro antwortet, wenn ich sie frage: „Kommt sie immer pünktlich? Trinkt sie zu viel? Versteht sie sich zu gut mit dem Chef?"

Die schlimmsten Elternsprüche: Nr. 15

„Lad doch mal wieder die Marie ein, ihre Eltern sind sooo nett."

Die Putz-Mutti

BERUF:
Super-
hausfrau

TYPISCHE ZITATE:

„Danke! Ich hab hier grad gesaugt!" – „Alle raus jetzt hier!" – „Mir egal, dass die Sonne scheint. Ich muss das hier fertig-putzen." – „Hast du gesehen, wie das bei Helmut und Gerda aussah? Überall Staub und Putzstreifen! Also ich würde mich zu Tode schämen, wenn Besuch kommt!"

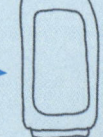

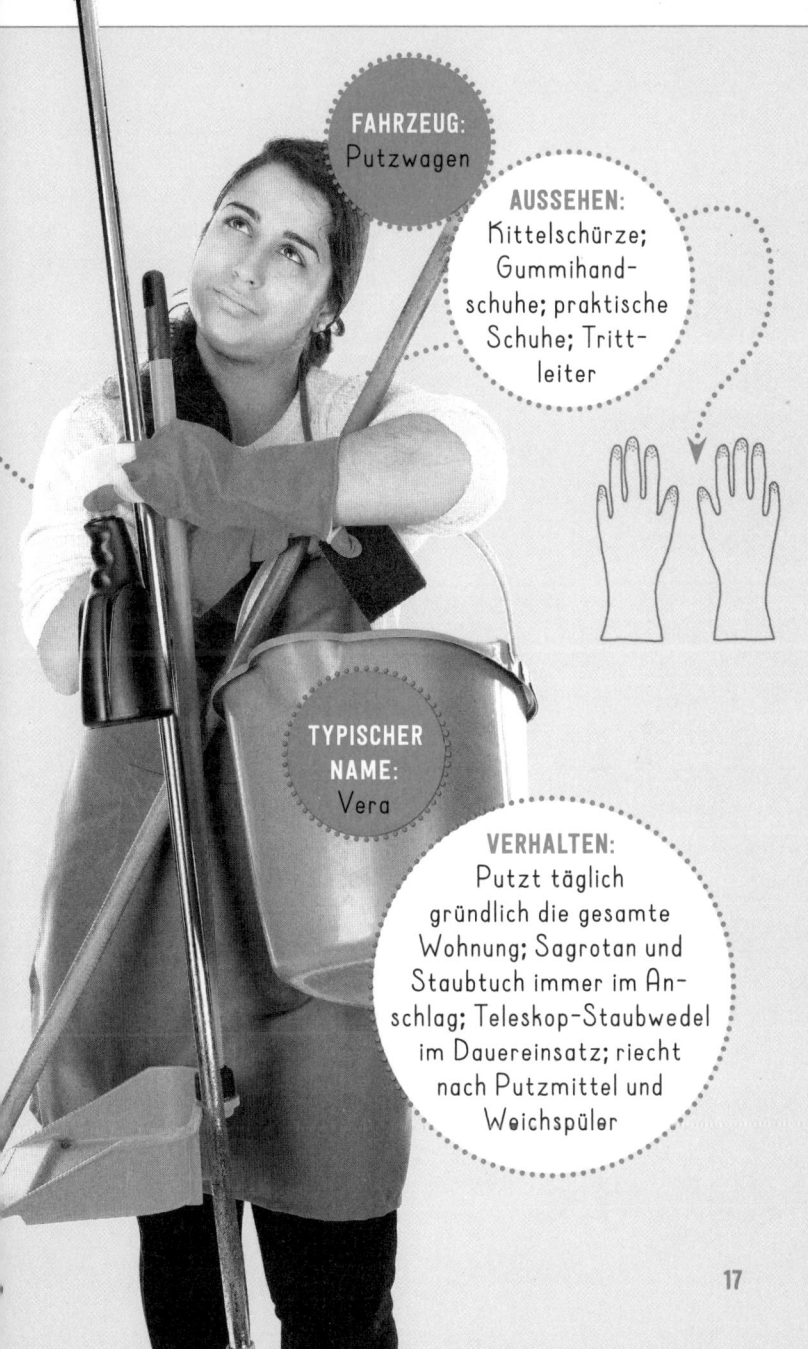

FAHRZEUG: Putzwagen

AUSSEHEN: Kittelschürze; Gummihandschuhe; praktische Schuhe; Trittleiter

TYPISCHER NAME: Vera

VERHALTEN: Putzt täglich gründlich die gesamte Wohnung; Sagrotan und Staubtuch immer im Anschlag; Teleskop-Staubwedel im Dauereinsatz; riecht nach Putzmittel und Weichspüler

17

Peinlich!

Es ist einer dieser Montage, ich komme nach Hause und freue mich darauf, ganz entspannt in meinem Bett zu chillen. Ich komme in mein Zimmer – BAM. Aufgeräumt. Meine Mutter hat wirklich ganze Arbeit geleistet, selbst der Staub vom Fensterbrett ist weggewischt. Ich lege mich aufs Bett und merke schon, es liegt sich anders als sonst auf meinem Kissen. FUCK! Nervös reiße ich das Kissen vom Bett – sie ist weg. Meine Leselektüre, na ja, also ... es ist eher eine Bilderreihe. Quasi Werbung, aber nicht gerade für Klamotten. Also Klamotten gab es da eigentlich gar nicht zu sehen. Ich zwinge mich zum Mittagessen und stelle mich den vorwurfsvollen Blicken.

Wir schauen uns an und sagen beide keinen Ton, bis ich es einfach ausspreche: „Mama, das Heft unter meinem Kopfkissen musst du mir wiedergeben, das brauche ich für BIO!" – „Chris du bist elf! Das bleibt bei Mutti!"

Die schlimmsten Elternsprüche: Nr. 18

„Das kannst du machen, wenn du erwachsen bist!"

MUTTI KANN KOCHEN. DAS STEHT AUSSER FRAGE. Nur kann sie halt nicht ALLES kochen. Blumenkohl zum Beispiel. Da ist es wahrscheinlich egal, wer den verkocht, der schmeckt immer scheiße! Aber sag das Mutti bloß nicht. Kochen ist was furchtbar Persönliches. An Muttis Essen rumzukritisieren ist nie eine gute Idee. Gerade dann nicht, wenn sie **„WAS NEUES AUSPROBIERT"**. Der schlimmste Feind ist hier Öko-Freundin Dörte. Wenn die beiden sich treffen, dann musst du Versuchskaninchen spielen für **DINKELAUFLAUF MIT SOJANUDELN UND TOFU-PESTO**. Und wisst ihr, was das Schlimmste ist an Gemüse-„Burgern"? Das Gemüse! Dörte selbst hat vielleicht sieben Mägen, aber deinen musst du schützen! Da hilft nur eins: Liebeskummer simulieren. Wenn man ein gebrochenes Herz hat, kann man nichts essen außer Schokolade. Das weiß jede Mutti!

Papa kocht einmal im Jahr zu Weihnachten nen Braten. Okay, im Sommer wird auch noch gegrillt.

Wenn Papa kein guter Koch ist: kein Problem. Mutti sitzt den Tag über milde lächelnd im Wohnzimmer, kichert, wenn wieder ein besonders deftiger Fluch aus der Küche erschallt, und verschwindet ab und zu mal zu den Nachbarn. Wenn Papa dann nach Stunden geknickt seinen verkohlten Bräter präsentiert, holt sie von unten den perfekt vorbereiteten Ersatzbraten. Die Stimmung ist gut und du hast gutes Essen. Alles super.

Problematisch wird es, **WENN PAPA RICHTIG GUT KOCHT**. Glücklich pfeifend steht er in der Küche, veranstaltet ein unglaubliches Chaos, ist dabei aber total tiefenentspannt. Ganz anders Mutti. Wie eine misstrauische Löwin schleicht sie um den Futterplatz, beäugt alles mit höchster Skepsis und schüttelt den Kopf, bis Papa sie irgendwann rausschmeißt. Beim Essen darfst du dann Papa auf keinen Fall loben! Immer darauf warten, dass Mutti etwas sagt wie: „Ist mal was Neues …" Jetzt stumm nicken und schnell eine zweite Portion sichern.

Taschengeld

Jeder braucht Taschengeld. Und zwar mehr. Die anderen kriegen schließlich auch alle mehr. Und den Handyvertrag sollten die Eltern extra zahlen. Und Klamotten auch. Schuhe auch. Und den Friseur. Und Kino. Schwere Verhandlungen stehen bevor.

PHASE 1
VERHANDLUNGSBASIS CHECKEN

In letzter Zeit üblen Scheiß gebaut?
Wissen die Eltern Bescheid? Nein? **CHECK!**
Zimmer in Ordnung? Auch nach Muttis Maßstäben?
Mist! Der Vormittag geht fürs Aufräumen drauf. **CHECK!**
Hilfe im Haushalt? Schnell Spülmaschine ausräumen und
Müll rausbringen. Aber nicht zu viel machen, Eltern werden
sonst misstrauisch. **CHECK!**

PHASE 2
VERHANDLUNGSPARTNER AUSWÄHLEN

Papa hat vergessen, dass du schon Taschengeld bekommen hast? BINGO! Wenn nicht, ist er allerdings ne harte Nuss.
„Mehr Taschengeld? Ha, ja, das hätte ich auch gerne. Gibt mir aber keiner. Im Leben ist nichts umsonst, mein Lieber. Aber für einmal Rasenmähen zahl ich 2 Euro."
VORSICHT: Jetzt nicht laut schreien: „KINDERARBEIT! DUMPINGLOHN!" Papa hat die Macht. Lieber etwas murmeln wie „Okay, überleg ich mir …" und ab zu Mutti.

PHASE 3

GELD FÜR LIEBE. MEHR GELD FÜR MEHR LIEBE.

„Mutti, du siehst heute aber toll aus! Fast wie 35!"

VORSICHT: Nicht übertreiben! Wenn sie fragt: „Was willst du?!", hast du verloren.

„Ach, danke, Schatz. Hab eine neue Hautcreme. Die hat mir die Karin empfohlen. Ist mit Gurke und …"

Warten, bis Mutti atmen muss (kann dauern), dann seufzen und traurig auf den Boden gucken.

„Ist alles in Ordnung, Chrissi?"

„Ach Mutti, ist mir ein bisschen peinlich … also, irgendwie … bin ich diesen Monat mit meinem Geld nicht wirklich hingekommen. Ich bekomme ja genug, aber ich muss noch lernen, mir das einzuteilen. Und jetzt wollen wir am Samstag Pizza essen gehen …"

„Pizza? Aha! Und was hast du mit deinem ganzen Geld gemacht?"

VORSICHT: „Das geht dich nichts an, ist doch mein Geld!" führt zum sofortigen Abbruch der Verhandlung. Also Notlüge!

„Ach, dem Peter fehlte noch Geld für das Geburtstagsgeschenk für seine Mutter … und da hab ich ihm was geliehen." Dem prüfenden Blick standhalten … etwas zerknirscht gucken … warten …

„Ach, du bist wirklich manchmal ein Schatz! Hier hast du 15 Euro. Und ich spreche mal mit deinem Vater. Vielleicht müssen wir dir auch etwas mehr geben!"

VERHALTEN:
Will seinen Sohn zum Handwerker machen, gibt ihm aber keine Chance, jemals seinen Ansprüchen zu genügen. Übertrieben hilfsbereit: Will den Nachbarn am Heiligabend die Lampe im Wohnzimmer reparieren.

FAHRZEUG:
Sprinter

BERUF:
Elektriker im Hauptwerk 2

AUSSEHEN:
Latzhose,
Arbeitsschuhe mit
Zement dran, Zollstock,
Schraubenzieher und
Bohrmaschine auch im
Bett immer am
Mann

Der Heim- werker

TYPISCHE ZITATE:
„Hab ich selbst ge-
macht." – „Ich muss noch
kurz zu OBI." – „Nee, den
Drei-Achter, nicht den
Siebener-Inbus!" – „Is
doch Pipifax."

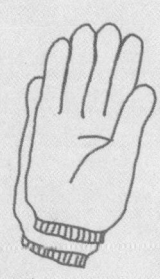

Peinlich!

Heute mit Papa im Garten gearbeitet. Alles ganz normal, bis die Nachbarin rauskam. Die ist auch schon eine uralte Schachtel, mindestens 35. Aber mein Dad mit seinen 48 versucht ihr trotzdem zu imponieren. Zieht schnell ein superpeinliches kariertes, kurzärmliges Hemd über und den Bauch ein. Dann die Hand in die Regentonne und die paar Haare geglättet (ihhhh!). Und dann völlig sinnlos schwere Steine hin- und hergeschleppt, um ihr seine lächerlichen Muckis zu zeigen. Und ständig rübergeschielt, ob sie ihn sieht, in ihrem Liegestuhl.

Zu peinlich. Nach drinnen gegangen. Dort Mutti vor dem Spiegel erwischt. Augen, Lippen, Haare – das ganze Programm. „Gehst du weg, Mutti?" – „Nein, aber dein Gitarrenlehrer kommt doch gleich. Und ich will anständig aussehen, wenn ich ihm die Tür aufmache." Arrrrgh!!!!

Die schlimmsten Elternsprüche: Nr. **24**

„Wir waren schließlich auch mal jung."

Ostern

Ostern, das ist, wenn schon vormittags die coolsten Filme im Fernsehen laufen – und man sie nicht sehen darf, weil man dieses dämliche Eiersuchen mitmachen muss. Um den Erwachsenen eine Freude zu machen. Wobei Papa seine superraffinierten Verstecke sofort vergisst. Und Mutti akribisch mitzählt, ob auch alles gefunden wurde: „Ist mir egal, dass es schneit – da fehlen noch zwei Krokanteier und ein kleiner Hase!"

A propos Wetter: An Ostern gibt es nur zwei Möglichkeiten. Es graupelt – oder es sind 32 Grad und die Schokoeier sind alle geschmolzen.

Ach so: Wenn Mutti die Eier „versteckt" (mitten auf dem Weg), beleidigt das selbst die Intelligenz eines Zweijährigen. Und Papa ist sauer, weil Mutti die Kinder „nie richtig fordert".

Am Ende kriegt Mutti sowieso die Krise, weil die Kinder und Papa ihr an den Füßen massenhaft Matsch ins frisch geputzte Heim tragen. Und an den Händen jede Menge Schokoladenschmiere.

Neu!

Die App für automatische Mutti-Telefonate!

Antwortet im 20-Sekunden-Abstand mit Textbausteinen wie:

„Hm." – „Ja, mach ich." – „Is ja toll!" – „Mach dir keine Sorgen!" – „Ja, mach ich heute noch." – „Ja, ich ruf Oma an."

Mutti

Die Verständnisvolle

BERUF:
Hausfrau
und Butler

TYPISCHER NAME:
Anne

VERHALTEN:
Fährt dich rum;
kocht dauernd dein
Lieblingsessen, obwohl
sie es nicht verträgt;
räumt dein Zimmer auf;
bedauert dich wegen
Schulstress.

TYPISCHE ZITATE:
„Schon wieder ein Test?
Kein Wunder, dass ihr alle
Fünfen habt." – „36,9! Bleib
lieber mal liegen heute." – „Ich
mach das Heft für dich fertig
heute Nacht. Du schaust ja gerade
DSDS. Das hast du dir verdient,
Hasi." – „Das sagen wir Papa
aber lieber nicht, ja?"

AUSSEHEN:
Hat wenig
Zeit für sich.
Pragmatisch-
unspektakulär.

FAHRZEUG:
Mazda

Peinlich!

EINKAUFEN MIT MUTTI

Oh Gott. Heute nach der Schule mit Mutti Klamotten kaufen gewesen. Beim Abholen von der Schule fragt sie auch noch Christina, ob wir sie zum S-Bahnhof mitnehmen sollen. Und erzählt ihr unterwegs, dass sie mir heute „todschicke Klamotten" kaufen wird! Das geht jetzt bestimmt schon durchs Netz.

Und dann schleppt sie mich in einen Laden, in dem nur Omas einkaufen. Schlimm! Nur Frauen über 30 da! Und ohne dass ich mal irgendwas ansehen kann, führt sie mich zur Dorfältesten: „Mein Sohn braucht etwas Modernes zum Anziehen. Es soll aber auch ein bisschen gepflegt aussehen." Danach zwei Stunden in einer Kabine – und wir kaufen am Ende nur das, wogegen ich am allerlautesten protestiert habe. Und das Schlimmste kommt noch: Sie wird Christina demnächst fragen, wie sie meine neuen Klamotten findet ...

Die schlimmsten Elternsprüche: Nr. **28**

„Wer zahlt, schafft an!"

Wenn
Mutti meine
Klamotten
kaufen
würde ...

Sorgentabelle

Mutti macht sich immer Sorgen ...

✗ ... dass ich abdrifte

✗ ... dass ich Freunde mit schlechtem Einfluss habe

✗ ... wenn ich unterwegs bin (Auto, Motorrad, Moped, Fahrrad, Skateboard, Ski, Schlitten, Tretroller, zu Fuß ...)

✗ ... um meine Schullaufbahn

✗ ... um meine Beziehung

✗ ... um meinen Job

✗ ... dass ich verhungere / zu fett werde

✗ ... dass ich verdurste

✗ ... um meine Haut

✗ ... um meine Zukunft

✗ ... was die Nachbarn denken könnten

✗ ... um alles andere

Papa sorgt sich um ...

✗ ... die Unschuld seiner Tochter

✗ ... die Karriere seines Sohns

✗ ... die Verweichlichung seiner Kinder

✗ ... das Blech seines Autos

TYPISCHER NAME: Rosi

BERUF: Hausfrau

AUSSEHEN: Bieder, Omi-Frisur (grau mit Blaustich und hoch-frisiert), Blusen und Röcke

Die Tantige

FAHRZEUG: Papa fährt sie.

TYPISCHE ZITATE:

„Ich wünsch dir Gesundheit – das ist das Wichtigste." – „Ich mag's nun mal, wenn's sauber und ordentlich ist." – „Ich finde ja, eine Frau muss ihrem Mann den Rücken freihalten." – „Mit Politik kenn ich mich nicht so aus. Frag Papa." – „Ich finde, Geld ist Männersache."

VERHALTEN: Backt Marmor-kuchen; trutschig; immer irgendwie beschäftigt

Mutti weiß/Papa weiß ...

MUTTI WEISS IMMER ...

... wo die Schlüssel, Portemonnaies, Reisepässe,
   Medikamente etc. der ganzen Familie liegen
... wie man Bauchweh behandelt
... was man nur bei 40 Grad waschen darf
... wer wann Geburtstag hat

PAPA WEISS IMMER ...

... ob der Mond sich um die Sonne dreht
   oder umgekehrt
... wie man Spinnen entfernt
... wie man ein Fahrrad repariert
... wann das Pokalfinale ist

MUTTI WEISS NIE ...

... was eine Hilti ist
... dass man anklopft
... wie man rückwärts aus der Garage kommt
... wer Aubameyang ist

PAPA WEISS NIE ...

... wo seine Schlüssel, sein Portemonnaie etc. liegen
... wie deine Freunde heißen
... wo der Bioladen ist
... was Yoga ist

Peinlich!

Gestern war Omas Geburtstag. Wurde bei uns gefeiert. Vorher war Mutti tagelang im Vollstress. Die Bude musste auf Hochglanz gebracht und ein Buffet gezaubert werden. („Ich werde mir vor meiner Schwiegermutter keine Blöße geben!") Als die Feier dann unfallfrei lief, entspannte sie sich – und wollte „ein Sektchen". Jetzt wolle sie sich „endlich auch mal entspannen". Puuuh. Nach dem dritten Sekt fing das Gekreische und Gelache an. Sogar die flauen Witze von Papa wurden plötzlich begiggelt. Und alle anderen wurden animiert, „doch auch mal lustig zu sein jetzt". Und dann das Schlimmste: „Chrissi, hol doch mal was von deiner Musik. Kann man doch zu tanzen, oder?"

Die schlimmsten Elternsprüche: Nr. 33

„Sitz nicht so stumm da!"

FAHRZEUG:
Ford Fiesta
mit Aufkleber
„Abi 2014"

VERHALTEN:
Verpeilt; immer
zu spät ; schminkt ihre
Tochter; Kinder kennen
Großeltern besser als
ihre Mutter; allein-
erziehend

Die Teenie-Mutter

BERUF:
Azubi

TYPISCHE ZITATE:
„Das ist Tom, der wohnt jetzt ne Weile bei uns." – „Geh fernsehen, ich will chillen." – „Haben wir eigentlich schon was gegessen?"

TYPISCHER NAME:
Jacqueline

AUSSEHEN:
Fit, schlank, sportlich, attraktiv

Die besten Ausreden

FUNKTIONIERT (MANCHMAL) BEI MUTTI	FUNKTIONIERT (MANCHMAL) BEI PAPA
Du bist zu spät zuhause	
„Ich wollte nicht während des Gewitters zum Bus gehen und mich erkälten."	„Die anderen wollten noch nicht los und ich soll doch nachts nicht alleine gehen."
Du hast keinen Bock, mit zu Oma zu gehen	
„Ich muss noch für Mathe lernen."	„Ich hab meine Tage."
Du willst nicht zur Schule	
„Ich hab irgendwie Angst."	„Ich hab meine Tage."
Du hattest eine Prügelei	
„Der hat mich geärgert."	„Man muss sich doch wehren."
Das Auto ist kaputt	
„Die Durchfahrt war so eng."	„Ich war besoffen."
Du wurdest beim Ladendiebstahl erwischt	
„Torben hat mich gezwungen mitzumachen."	„*Du* hast doch gesagt, die Welt sei ungerecht."
Du hast eine Arbeit verhauen	
„Die Lehrerin ist voll unfair."	„Es kam was ganz anderes dran, als sie vorher gesagt haben."

Die schlechtesten Ausreden

FUNKTIONIERT NIEMALS BEI MUTTI	FUNKTIONIERT NIEMALS BEI PAPA
Du bist zu spät zuhause	
„Der Bus kam irgendwie nicht."	„Ich wusste nicht, wie spät es ist."
Du hast keinen Bock, mit zu Oma zu gehen	
„Ich will heute vielleicht noch einen Kuchen backen für uns."	„Ich bin sooo müde von der Party gestern."
Du willst nicht zur Schule	
„Heute kommt Tour de France im Fernsehen."	„Wir schreiben heute Mathe."
Du hattest eine Prügelei	
„Wir wollten rausfinden, wer stärker ist."	„Ich wollte nun mal sein Handy haben."
Das Auto ist kaputt	
„Ich war besoffen."	„Das war schon."
Du wurdest beim Ladendiebstahl erwischt	
„Ich krieg eben zu wenig Taschengeld."	„Ich kann nichts dafür."
Du hast eine Arbeit verhauen	
„Ist doch egal."	„Mir ging's irgendwie nicht so gut."

TYPISCHER NAME: Marc

AUSSEHEN: Cool, gepflegt, lässig, Brad-Pitt-Typ; steht zu seinem Alter; graumeliert

Der coole Dad

BERUF: Musik-agentur

TYPISCHE ZITATE: „Läuft bei dir, Baby." – „Ist das meine Coke?" – „Ich lass euch mal allein." – „Jemand Pizza?"

VERHALTEN: Gelassen, gechillt, lässig, tolerant auch zu Freunden der Kinder. Ihn finden sogar die Klassen-kameradinnen attraktiv; DILF

FAHR-ZEUG: Mini

Peinlich!

GEBURTSTAGSGESCHENK FÜR MUTTI

Scheiße! Morgen hat Mutti
Geburtstag. Total vergessen!
Geschenk kaufen? Abends um 11?
Irgendwo Blumen klauen? Im
Februar?
Was basteln? Und dafür Mutti
nach ihren Bastelsachen fragen?
Um Mitternacht?
Einen schönen Kuchen backen?
In Muttis Küche? Um 1 Uhr
morgens?
Ach komm, ich schreib einen Gut-
schein. Ich mach mal einen Entwurf:

Liebe Mutti,
dies ist ein Gutschein für ~~ein tolles Geschenk (zu~~
~~teuer!)~~ ~~eine Torte (zu anstrengend)~~ ~~1x mit dir~~
~~alle Sissi-Filme gucken (oh nein!)~~ 1x Spülmaschine ausräumen (vielleicht vergisst sie's ja)

Die schlimmsten Elternsprüche: Nr. 39

„Also *ich* hab meiner
Mutter gerne
eine Freude gemacht."

Mutti stalkt dich auf Facebook?
Schlimmer geht's nicht!

Erst ist sie natürlich voll dagegen. **PRIVATSPHÄRE UND SO,** obwohl sie das ja sonst auch nicht interessiert, wenn sie beim Aufräumen „aus Versehen" in alle deine Schubladen guckt. Und unters Kopfkissen. Aber dann hat ihr ihre Freundin Iris erzählt, dass man da ganz viel über andere Leute „rausfinden" kann. ZACK, war Mutti angemeldet und keine zwei Sekunden später hast du eine **FREUNDSCHAFTSANFRAGE.** Sonst kriegt sie nicht mal das Handy an, aber DAS klappt! Eine Weile kann man die Anfrage ignorieren, aber selbst der stärkste Kerl knickt irgendwann ein, wenn Mutti jeden Tag „nachfragt": „Na, du willst wohl nicht mit deiner Mutti befreundet sein? Kochen darf sie für dich, aber sonst bin ich dir wohl peinlich! Aber mit Papa bist du befreundet!" JA! BIST DU! Und das ist SCHLIMM GENUG! Papa rafft's nämlich nicht. Alle drei Monate hat man plötzlich 23 Benachrichtigungen auf einmal.
PAPA *mag dein Profilbild von vor drei Jahren.*
PAPA *mag deinen Link von vor zwei Monaten.*
Papa hat deinen Link kommentiert: „Hä? Verstehe ich nicht …"
Zurück zu Mutti. Das schlechte Gewissen siegt. Anfrage angenommen, so mit zusammengekniffenen Augen und nem ganz üblen Gefühl. Von nebenan ein kleiner Jubelschrei. Und die kleine rote 1 poppt auf.
PING
MUTTI *hat auf deine Pinnwand gepostet:* Hallo Chrissi! Ich dachte schon, du magst mich gar nicht mehr. Aber jetzt sind wir ja Freunde. Wie macht man diese Grinsegesichter? 8*] Küsschen! Mutti
O MANN. Eintrag löschen! Merken: Mutti erklären, was der Unterschied zwischen einer Nachricht und der Pinnwand ist.

PING

MUTTI *gefällt dein Profilbild*

PING

MUTTI *hat dein Profilbild kommentiert:* „Mein hübscher Chrissi! Sieht aus wie seine Oma!"

WARGH! Löschen!!!

Noch eine Benachrichtigung.

PING

JULIA, DEINEM SCHWARM, DEM SCHÖNSTEN MÄDCHEN DER WELT *gefällt dein Profilbild*

Stumm sitzt du vor deinem Bildschirm. Wärme breitet sich in deinem Bauch aus.

PING

JULIA, DEIN SCHWARM, DAS SCHÖNSTE MÄDCHEN DER WELT *hat dein Profilbild kommentiert:* „Cooles Bild! <3!"

Ein Lächeln schleicht sich auf deine Lippen. Schmetterlinge, Sonnenuntergänge, Herzchenaugen!

PING

Du glaubst es nicht. Schreibt sie noch was? **MUTTI** *hat auf deine Pinnwand geschrieben:* „Wer ist denn diese Julia? Die sieht aber nett aus. Hast du nicht ein Foto von ihr über deinem Bett hängen?"

VERHALTEN:
Raucht, säuft, liegt auf der Couch und sieht fern.

FAHRZEUG:
Boller-wagen

TYPISCHE ZITATE:
„Für die paar Kröten geh ich doch nicht los!" – „Ich bin überquafi... -quazi... also: zu gut." – „Hast du noch Taschengeld? Holste mir n Bier von der Tanke?" – „Wenn ich in Deutschland was zu sagen hätte ..."

Der Assi

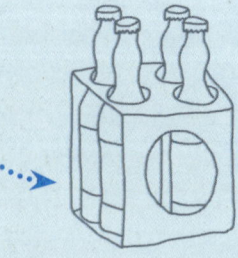

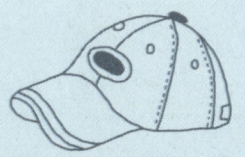

BERUF:
„Arbeitssuchend" (seit 4 Jahren; vorher in einer Maßnahme, davor arbeitslos, davor krankgeschrieben)

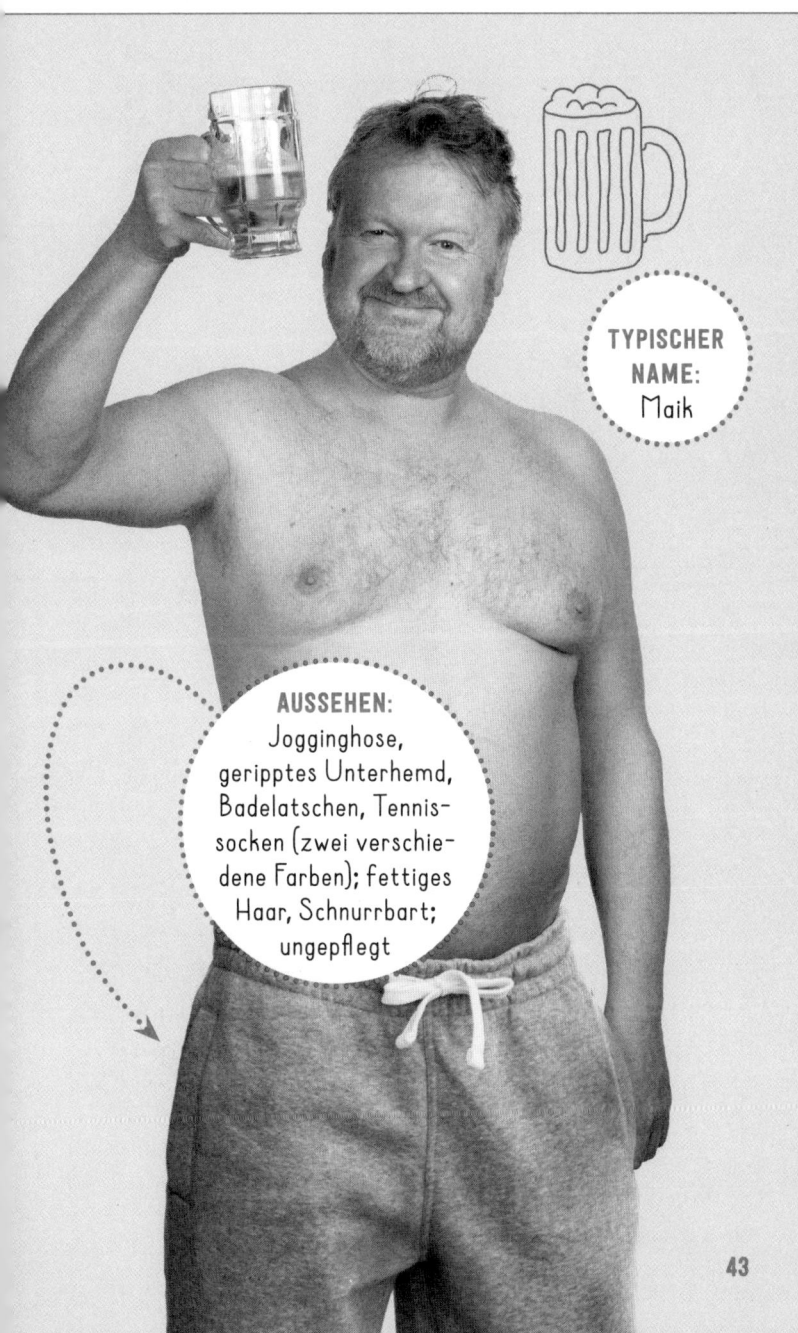

TYPISCHER NAME: Maik

AUSSEHEN:
Jogginghose, geripptes Unterhemd, Badelatschen, Tennissocken (zwei verschiedene Farben); fettiges Haar, Schnurrbart; ungepflegt

43

Peinlich!

Vor kurzem hatte ich 15 neue Nachrichten von Papa. Kurz krieg ich Panik und denke, irgendwas ist passiert, mache die erste auf – leer. Alle Nachrichten leer! Ich rufe also an, Papa hebt ab.

„– ich denn jetzt – gar kein Knopf –", kommt es aus dem Handy.

„Papa, ich bin schon dran!", sage ich. Ich höre nur Gegrummel. „PAPA!!! Halt dein Handy an dein Ohr!!", rufe ich.

„Ah! Chris! Ich hab dich angerufen!", brüllt Papa zurück.

„Nein, Papa, ich hab dich angerufen. Du hast mir geschrieben, aber die Nachrichten waren leer. Is was?"

„Leer? Wie, leer?"

„Du hast mir 15 Nachrichten geschrieben. Was war denn?"

„Ich wollte dir sagen, dass du mal anrufen sollst! Hat ja super geklappt!"

Meine Hand klatscht laut gegen meine Stirn. Papa legt auf. Vor Schreck? Weil er eigentlich leiser stellen wollte? Oh, er ruft nochmal an. Nochmal 15 leere Nachrichten. Hoffnungslos.

Die schlimmsten Elternsprüche: Nr. 44

„Früher haben wir uns verabredet, wenn wir uns unterhalten wollten!"

Elternsprechtag

Elternsprechtag – schlimmer kann's nicht mehr kommen, denkst du. Die Eltern gehen hin und du weißt: **JETZT FLIEGT ALLES AUF!** Dass du seit Monaten nix gemacht hast für die Schule. Die geschwänzten Tage. Die verschwundenen blauen Briefe. Die verhauenen Arbeiten. Am besten bist du weg, wenn die nach Hause kommen.

Aber es gibt etwas noch Schlimmeres: **WENN DU MITMUSST ZUM ELTERNSPRECHTAG.** Weil du schon so groß bist. Und dann sollst du mal erzählen, was du so vorhast im Leben (keine Ahnung, Mann!). Und wie du deinen Klassenlehrer so siehst. Ganz ehrlich. (Ich bin doch nicht verrückt!)

UND DANN GIBT'S ZWEI MÖGLICHKEITEN

1. Der Klassenlehrer sagt dir voll unfair die Meinung, du wehrst dich – und deine Eltern schlagen sich auf die Seite der Lehrer. Furchtbar.

2. Der Klassenlehrer sagt dir voll unfair die Meinung – und bevor du dich wehren kannst, ergreift deine Löwenmutti Partei für dich. Das ist noch furchtbarer – weil der Lehrer ja leider Recht hatte …

Dein Geburtstag

Eigentlich ist Geburtstag haben ja toll. Man kriegt Geschenke und Kuchen und vor allem geht es den ganzen Tag nur um dich! GEIL!

Du willst also nen gechillten Tag haben, ausschlafen, Geschenke auspacken, später mit ein paar Kumpels einen draufmachen, das Übliche eben.

Doch dafür musst du erst deine Verwandtschaft ertragen, die nachmittags einfällt, dir in die Wangen kneift und peinliche Geschichten über dich als Kind erzählt. Dann musst du das Malzbier, das Mutti für die Feier mit den Kumpels gekauft hat, unbemerkt gegen Papas Bier im Keller austauschen. Und als Allererstes musst du natürlich Mutti und Papa überleben ...

Mitten in der Nacht ("7 Uhr ist doch eine ganz normale Zeit! Ich bin schon seit zwei Stunden wach!") brechen sie in dein Zimmer. Licht an, Rollos hoch, Riesenkirmes!

„Heute kann es regnen, stürmen oder schneeeeeiiiinnn ..." Du klemmst dir das Kopfkissen um die Ohren und grummelst.

„... denn du strahlst ja selber wie der Sonnenschein!" Es ist pure Mordlust, die du jetzt ausstrahlst. „Heut ist dein Geburtstag ..." JA EBEN!!! „ ... darum feiern wir!" Warum denn ihr? Und ist dieses Lied eigentlich nie zu Ende?! Nun gut, denkst du, wenigstens haben sie Kuchen dabei!

Wenig später kommst du in die Küche, **KERZEN BRENNEN, DER TISCH IST VOLL MIT LECKEREM FRÜHSTÜCK** und Geschenken. GEBURTSTAG! Du rennst auf die Geschenke zu, hast das größte Paket schon in der Hand. Ein Karton! Sehr gut, also keine Socken. „Na, na, na, vor dem Frühstück nur ein kleines ..."

Klein kann auch gut sein. Du wählst eins aus, reißt das Papier auf ... eine Handyhülle! WOAH, ist in dem großen Päckchen dann **VIELLEICHT EIN NEUES HANDY?!**

Rasend schnell atmest du das Frühstück ein und los geht's. Um dich selbst zu quälen, machst du die anderen Geschenke zuerst auf. Alles ganz cool, ein Buch, Musik-Gutschein, Kopfhörer, natürlich Socken, aber immerhin ohne peinliches Muster ... so, lange genug gewartet! Drauf auf das Paket. **DAS PAPIER WIRD ZERFETZT** ... TATSÄCHLICH! Auf dem Karton prangt das neue Handy, das du dir schon seit Ewigkeiten wünschst! Du öffnest den Karton, ziehst das Styropor-Dings raus und ...

„Das ist ja aus Schokolade ..."

Mutti kichert. „Ja! Und es passt genau in die Hülle. Toll, oder? Du magst doch so gerne Schokolade!"

„Ja ... stimmt ... danke, Mutti ... danke, Papa ..."

AUSSEHEN:
Wolle; warm
angezogen;
Sorgenfalten

BERUF:
Mutti

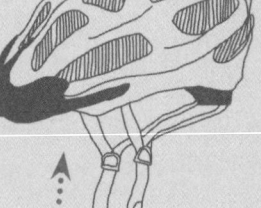

VERHALTEN:
Ruft mehrmals
stündlich die Lehrer, die
anderen Eltern und dich an –
auch während des Unterrichts.
Beschwert sich bei der Stadt
wegen zu hoher Bordsteinkan-
ten – du könntest stürzen.
Kauft Fahrradhelme im
Zehnerpack.

Die Helikopter-Mom

TYPISCHER NAME:
Iris

FAHRZEUG:
Hubschrauber

TYPISCHE ZITATE:
„Hast du deinen Helm?" – „Denk dran, genug zu trinken." – „Wo willst du hin?" – „Sei vorsichtig!" – „Ich fahr dich schnell hin." – „Papa holt dich heute Nacht ab." – „Hast du etwa kein Unterhemd an? Morgens sind nur 18 Grad im Moment!" – „Setz die Kapuze auf." – „Wo bist du gerade? In deinem Zimmer? Hast du den Helm auf?"

Peinlich!

Früher kam man manchmal nach Hause und das Shirt war kaputt. Oder man hatte nur einen Schuh an. Man war halt Dominik über den Weg gelaufen. Muss man durch. Doch kaum ist es vorbei, kommt man nach Hause und Mutti sieht das Loch im Pulli. „Was ist denn da passiert? Und wo ist dein Schuh?" Mit Argusaugen wird man begutachtet.

„Nichts, Mutti, bin – in eine Hecke gefallen!", stammele ich.

„Und heißt diese Hecke vielleicht Dominik?" Verdammt, wieso weiß sie das immer?

„Nein!" Perfekte Lüge, Pokerface on!

„Das reicht jetzt! Dieser Junge hat dich oft genug gepiesackt! Ich ruf jetzt seine Mutter an!"

„Mutti, nein, dann wird alles nur noch schlimmer! Bitte, ich näh auch das Loch im Pulli selber!", bettele ich. „Ach nein, Chris, man kann vor seinen Problemen nicht wegrennen!", sagt Mutti und greift nach dem Telefon.

„Aber vor Dominik auch nicht!"

Die schlimmsten Elternsprüche: Nr. 50

„Was du nicht willst, das man dir tu, das füg auch keinem anderen zu!"

Ja was denn nun?!?
Wie Mutti dich sieht

 **PHASE 1 (ZUHAUSE)**

„Chris, ich ertrage es nicht mehr, dass du den ganzen Tag nuuur auf dem Bett liegst. Keine Freunde, keine Hobbys, kein Sport. Und in der Schule schmierst du total ab! Hier wird sich einiges ändern. Und jetzt komm, der Grillabend bei Nils und seinen Eltern fängt an."

 **PHASE 2 (GRILLABEND)**

„Ach, Nils macht Handball? Ja, das hat Chris ja auch gemacht, bevor er zu Fechten und Leichtathletik gewechselt ist. Das ist einfach besser für die Körperbalance. Und hat auch seine Noten total verbessert. Also, was der in Mathe bringt, das könnt ich nie! Ich versteh Nils total, dass er da Probleme hat. Vielleicht solltest du mal mit in eine von Chris' Lerngruppen kommen?"

 **PHASE 3 (ZUHAUSE)**

„Hast du das gehört? Nils sitzt jeden Tag drei Stunden an den Hausaufgaben! Und du? Nichts! Und ab morgen gehst du zum Handball. Basta!"

Oma und Opa

Oma und Opa sind toll. Die sind wie Mutti und Papa, nur eben für Mutti und Papa. Oma kann genauso peinliche Geschichten über Mutti erzählen wie Mutti über dich, und Opa drückt Papa einen Spruch nach dem andern. Sind sogar dieselben Sprüche! **OMA UND OPA WOLLEN DICH VERWÖHNEN.** Du musst zwar vorher dein Zimmer so ordentlich aufräumen wie sonst nie, und Mutti ist zwei Wochen vorher im Stress-Overdrive, aber es lohnt sich! **OMA HAT ÜBERALL SÜSSIGKEITEN DABEI,** und Opa steckt einem oft ein bisschen Geld zu. Sind nicht immer Euro, aber der Wille zählt. Wenn Mutti euch erwischt, gibt es sofort Anschiss. „Verwöhn den Jungen nicht so, Oma!", sagt sie streng. Aber Oma lässt sich nicht einschüchtern. „Kindchen, lass mich doch, ich brauch's doch nicht mehr und bald bin ich eh tot!" Und siehe da, Mutti ist still!

Die Macht der Großeltern

Muttis Stresslevel vor dem Besuch der Schwiegermutti:

 DIREKT NACH DEM LETZTEN BESUCH

Mutti ist superentspannt, lässt sogar mal das Geschirr stehen und trinkt mittags einen Sekt.
GEFAHRENLEVEL: Extrem niedrig. Wenn du mehr Taschengeld brauchst, frag jetzt.

 4 WOCHEN VORHER

Anspannung steigt. Mutti streitet sich mit Papa. „Warum muss deine Mutter zu Besuch kommen?"
GEFAHRENLEVEL: Niedrig

2 WOCHEN VORHER

Angespannt. Gespräche mit bester Freundin: „ … und sie SUCHT richtig danach." Vorsichtig sein. Plötzliche Ausbrüche von Ordnungswahn treten auf, werden aber noch nicht durchgesetzt. „Chris, wie sieht dein Zimmer aus?"
GEFAHRENLEVEL: Erhöht. Den Vokabeltest besser verschweigen.

1 WOCHE VORHER

Mutti ist in vollem Alarm. Schränke werden ausgeräumt und sortiert, der Backofen geschrubbt. Aufräumarbeiten werden gezielt verteilt.
GEFAHRENLEVEL: Hoch. Lieber viel Zeit mit Kumpels verbringen.

1 TAG VORHER

Mutti scheint sehr ruhig, doch das täuscht.
Winzige Kleinigkeiten können Katastrophen auslösen.
GEFAHRENLEVEL: Sehr hoch. Unter gar keinen Umständen mit Schuhen durch die Wohnung laufen.

1 STUNDE VORHER

Mutti schreit, putzt und duscht gleichzeitig. Papa hast du seit Tagen nicht gesehen. Aufgaben wie „Tafelsilber putzen" werden wahllos verteilt, auch wenn ihr gar keins besitzt.
GEFAHRENLEVEL: Extrem. Dein Zimmer ist besser aufgeräumt!

BERUF:
Büro-
ange-
stellter

TYPISCHER NAME:
Michael

VERHALTEN:
Straight, kon-
sequent, emotions-
los, fair, berechenbar.
Schickt unangemeldeten
Freundebesuch knall-
hart wieder weg.

Der Big Boss
(aber nur zuhause)

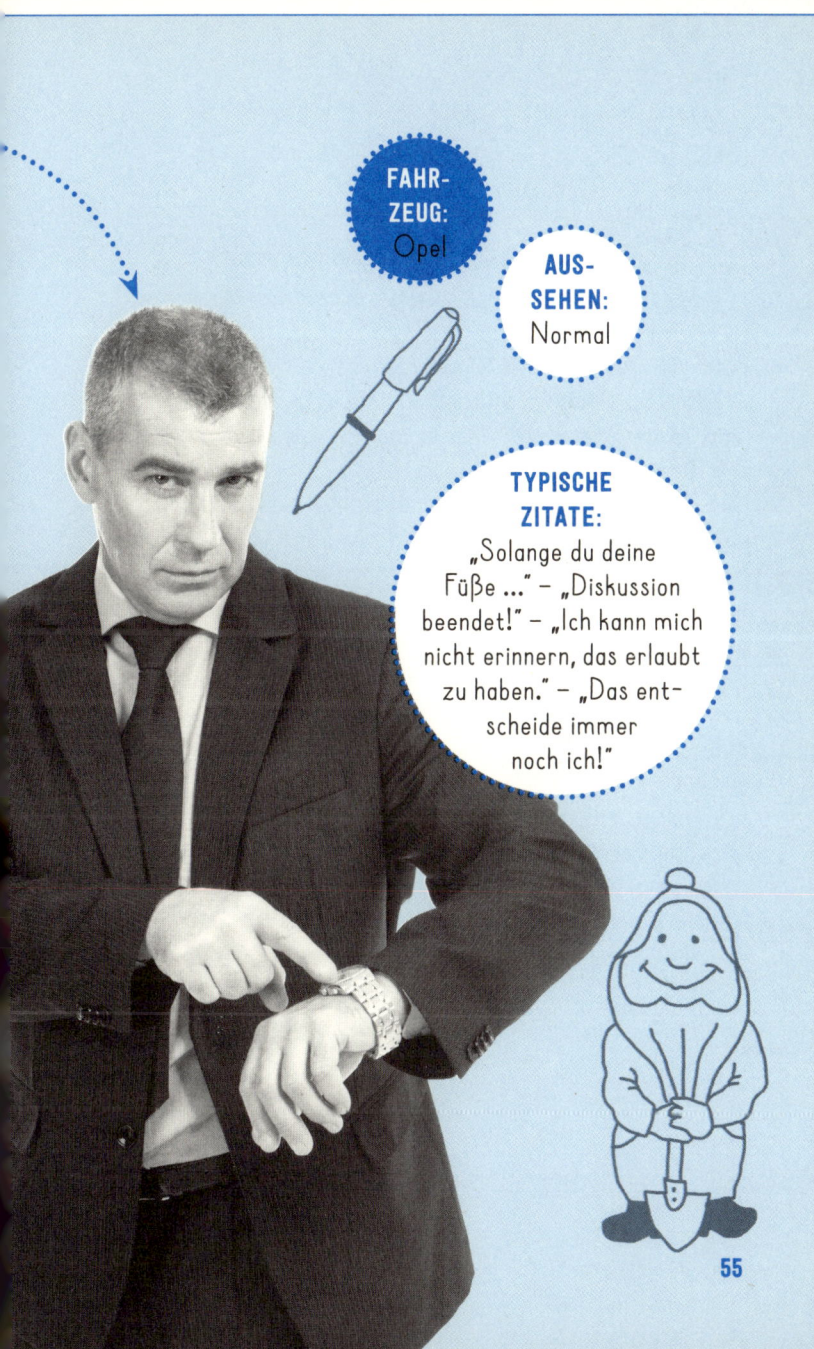

FAHR-ZEUG: Opel

AUS-SEHEN: Normal

TYPISCHE ZITATE:
„Solange du deine Füße ..." – „Diskussion beendet!" – „Ich kann mich nicht erinnern, das erlaubt zu haben." – „Das entscheide immer noch ich!"

Muttis und ihr Selbstbewusstsein

Fragt die Tochter: „Mutti, wie fühlt es sich eigentlich an, die **SCHÖNSTE, KLÜGSTE UND BESTE TOCHTER DER WELT** zu haben?" Antwortet Mutti: „Woher soll ich das wissen? Musst du Oma fragen."

Manche Muttis sind eben unerschütterlich davon überzeugt, dass sie klasse sind. Und alles richtig machen. Das ist einerseits toll, kann aber andererseits nerven.

Beispiel: Mutti korrigiert deine Französisch-Hausaufgaben – ohne je eine einzige Französisch-Stunde gehabt zu haben. Was sie da an Fehlern eingebaut hat, kriegen nicht mal drei Lehrer wieder raus.

Auch toll: Mutti hat im Fernsehen ein hochkompliziertes Gericht **AUS SUPERTEUREN (UND VOLL EKLIGEN) ZUTATEN** gesehen – und kocht es direkt auswendig nach. Rezept?

Braucht die Supermutti nicht. Und wehe, die Familie beteuert nicht, dass es suuuuuper schmeckt. Notfalls eben mit grünem Gesicht.

Peinlich!

„Na, geht ihr am Samstag mal wieder ordentlich abhotten zu cooler Mucke? Aber vergesst euren Perso nicht, falls die Bullen wieder kontrollieren."

Wenn Eltern (oder gar Lehrer) in ihre alte Jugendsprache verfallen, um sich anzubiedern, ist das schon superpeinlich. Aber es ist noch nicht die Spitze der Peinlichkeit. Die ist erst erreicht, wenn sie versuchen, in unserer aktuellen Sprache zu sprechen – und dabei natürlich immer total danebenliegen. Schon weil sie Eltern sind.
„Hey, yo, WhatsApp, Alter? Zu krass gefeiert gestern beim Konzi? Heute chillen angesagt? Komm, Kopf hoch! Alles cool. Yolo!"
Wenn Papa so anfängt am Sonntagmorgen, ist der Tag versaut...

Die schlimmsten Elternsprüche: Nr. 57

„Solche Ausdrücke dulde ich nicht an meinem Tisch!"

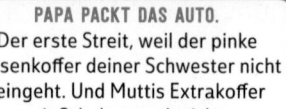

PAPA PACKT DAS AUTO.
Der erste Streit, weil der pinke
Riesenkoffer deiner Schwester nicht
reingeht. Und Muttis Extrakoffer
mit Schuhen auch nicht.

KILOMETER 15:
„Ich muss Pipi."

KILOMETER 5:
„Sind wir bald da?"

KILOMETER 25:
„Ich hab Hunger."

KILOMETER 26:
„McDonald's kommt
nicht in Frage."

KILOMETER 45:
„Mach sofort dieses Gejaule aus.
Hier, Johnny Cash!
Das war noch Musik!"

KILOMETER 27:
Mordsgeschrei

KILOMETER 28:
„Na gut – weil Ferien
sind. McDonald's."

KILOMETER 35:
„Mir ist schlecht!"

Urlaubsreise

Als Familie im Auto unterwegs in die Ferien:
ein einziges großes Spiel. Leider ein Scheißspiel!

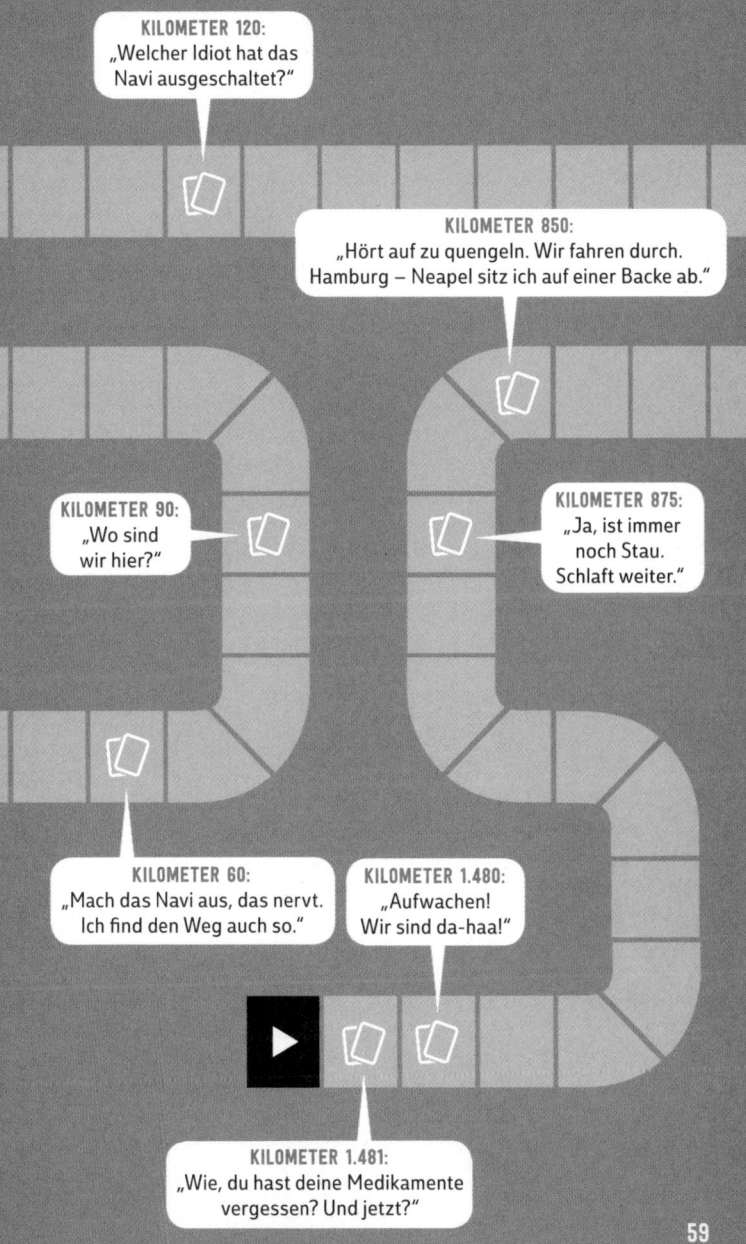

59

TYPISCHER NAME:
Mandy

FAHR-ZEUG:
Bus & Bahn

BERUF:
Abgebroche-ne Friseur-lehre

VERHALTEN:
Überfordert; zahlt kein Taschengeld; raucht trotz knapper Kasse 2 Schachteln am Tag; Mikrowel-len-Köchin

Die Allein-erziehende Typ 1

TYPISCHE ZITATE:
„Du bist am Wochen-ende bei Oma und Opa." – „Ich kann jetzt nicht. Ich krieg's grad selber nicht auf die Reihe." – „Ist heute Schule? Echt?" – „Ob Benny dein Vater ist? Ich glaube nicht."

AUSSEHEN:
Zwischen gestylt und verheult

VERHALTEN:
Alle 14 Tage Wochenendpapa; Tiefkühlpizza und McDonald's; schenkt Spielzeug und Zeitschriften, für die man mindestens 3 Jahre zu alt ist (z.B. Arielle-DVD zum 14. Geburtstag)

AUS-SEHEN:
Normal

BERUF:
Installateur

Der
Erzeuger

TYPISCHE ZITATE:
„Du weißt doch, deine Mutter möchte nicht, dass ich dich zuhause abhole." – „Was macht die Schule?" – „Bock auf Kino?"

FAHR-ZEUG:
Motorroller und Bus

TYPISCHER NAME:
Axel

BERUF:
Abteilungs-
leiterin

TYPISCHER NAME:
Sabrina

VERHALTEN:
Perfekt orga-
nisiert; Kinder haben
klare Aufgaben im Haushalt
und kochen ihr Essen selbst;
Hausaufgabenhilfe machen
die Nachbarn; am Wo-
chenende Wandern
oder Museum

Die Allein-erziehende Typ 2

AUSSEHEN:
Modern,
natürlich,
attraktiv

TYPISCHE ZITATE:
„Denk dran, heute
machst du Mathe mit Frau
Kling." – „Ich will ja nichts
gegen deinen Vater sagen,
aber ..." – „Ich kann jetzt
nicht. Ich muss arbeiten." –
„Komm, das kriegst du
alleine hin."

FAHR-ZEUG:
Golf IV
Kombi

Der Patchwork-Dad

AUSSEHEN:
Spießiger Schlabberlook

VERHALTEN:
Unsicher; anbiedernd; mal streng, mal verwöhnend; weinerlichbeleidigt

TYPISCHER NAME:
Torsten

BERUF:
Sozialarbeiter

TYPISCHE ZITATE:
„Ich versteh, dass du ein Problem mit mir hast." – „Mach doch bitte, was deine Mutter sagt." – „DU MACHST JETZT sofort, WAS ICH SAGE, SONST ...!" – „Ich glaub, deine Kinder akzeptieren mich nicht."

FAHRZEUG:
12 Jahre alter Peugeot

Neulich war ein Kumpel nach der Schule mit bei mir zu Hause. Wir sitzen beim Mittagessen, Mutti hat gekocht, Spaghetti, alles super. Aber dann fängt Mutti an.

„Na, Max, magst du auch so gerne Spaghetti? Klar, mag ja jeder!!" Wieso fragt sie überhaupt? „Chris mochte die auch immer schon. ‚Nudeln mit rooootaaa ßoooze', hat er früher immer gesagt. Konnte das ‚s' nicht so sprechen." Mutti gluckst.

„Mutti, das interessiert doch keinen!"

„Wieso, der Max gehört doch hier schon richtig zur Familie. Und du warst SO ßüß damals!, Mutti, machßt du Nudeln mit ganßßß viel rota ßoooooze?'", kichert Mutti. Max lacht verlegen mit.

„Ja, aber Mutti, jetzt kann ich's ja! Ist ja alles noch mal gut gegangen!"

„Ach, lass mich doch, Chris. Max, der Chris war so niedlich! Und einmal, da hat er von seiner geliebten ‚rota ßoze' ganz schlimm Durchfall ..."

„Mutti! Reicht jetzt!" Typisch Mutti, von Nudeln auf Kakka in 3,6 Sekunden!

Die schlimmsten Elternsprüche: Nr. 64

„Damals hattest du deine Mutti noch lieb!"

TYPISCHER NAME:
Otto

BERUF:
Normalver-
braucher

TYPISCHE ZITATE:
„Mein Mädchen!" – „Also, meine Tochter hatte damit gar keine Mühe." – „Ich kenne meinen Sohn! Das würde der nie machen!" – „Ich hab das Gefühl, mein Kind ist unterfordert." – „Mein Sohn studiert ja jetzt Literatistik."

FAHRZEUG:
Opel
Normalo

Der Stolze

VERHALTEN:
Freut sich übertrieben über jedes hingekrakelte Bild und postet es sofort. Fotografiert seine Kinder ständig und postet jedes Foto. Nimmt seine Kinder immer in Schutz – gegenüber Lehrern, anderen Eltern, Polizisten, Richtern ...

AUS-SEHEN:
Normal

Geschwister

Eltern zu haben ist ja schon anstrengend genug. **SO RICHTIG KOM-PLIZIERT WIRD ES ABER ERST MIT GESCHWISTERN.** Erstens sind die Eltern schwerer berechenbar (weil die Nerven so oft blank liegen): Nur weil der Bruder bis zwei Uhr morgens wegbleiben darf, darf das seine ältere Schwester noch lange nicht. Und nur weil sie der braven und fleißigen Schwester eine verhauene Mathearbeit durchgehen lassen ("Kann mal passieren"), gilt das noch lange nicht für einen selbst ("Am besten melden wir dich nach der Zehnten für eine Friseurlehre an").

Und zweitens muss man sich auch noch auf die ebenfalls unberechenbaren Geschwister einstellen: Mal sind sie solidarisch, **MAL DIE TOTALEN PETZEN.** Mal quälen sie einen, dann beschützen sie einen wieder. Und mal sind sie zuckersüß oder auch superpraktisch, und dann **NERVEN** sie einen wieder zu Tode.

Geschwister – pro & kontra

Älterer Bruder

VORTEIL

Verhaut die fiesen Jungs aus deiner Klasse.

NACHTEIL

Verhaut dich.

Jüngerer Bruder

VORTEIL

Holt für 1 Stück Schokolade den Fußball aus dem sumpfigen Teich.

NACHTEIL

Kapiert nicht, warum sein älterer Bruder mit seiner Freundin allein sein will, und kommt ständig überraschend ins Zimmer.

Ältere Schwester

VORTEIL

Hat alle Streits mit den Eltern schon ausgefochten.

NACHTEIL

Spielt sich als Mutti auf und will einen ständig erziehen.

Jüngere Schwester

VORTEIL

Macht allen Geschwistern die Hausaufgaben in Mathe, Chemie, Physik und Sprachen.

NACHTEIL

Kapiert ganz genau, warum ihre ältere Schwester mit ihrem Freund allein sein will, und kommt genau deshalb ständig ins Zimmer.

AUSSEHEN:
Graue Haare, gediegen, teuer gekleidet

TYPISCHER NAME:
Elke

BERUF:
Gattin

VERHALTEN:
Behandelt die Lehrer wie ihre Kinder; besitzt drei Regale voll mit Erziehungsratgebern; hat weder Fernseher noch Internet; hört nur klassische Musik; leidet unter Stimmungsschwankungen und Hitzeschüben

TYPISCHE ZITATE:

„Ruhe jetzt, ich mach Mittagsschlaf." – „Wir haben uns damals noch gewehrt gegen die Lehrer." – „Ich hab grad 'n Hitzeschub. Hab ich dir ja erklärt, mit der Menopause." – „Wieso? Das können deine Freunde ruhig hören."

Die späte Mutti

FAHRZEUG: Volvo Kombi, 78er Baujahr

Muttis berühmter Kuchen

Schulfest? Goldene Hochzeit? Grillabend? Abschlussball? Saisonauftakt im Sportverein? Skatabend? Picknick im Park? Fahrradtour? Geburtstagsfest? WM-Party? Egal!

Wo immer mehr als drei Menschen zusammenkommen, tritt Mutti unweigerlich auf, platziert einen **MARMORKUCHEN** auf dem Buffet (oder dem Couchtisch oder dem Boden oder ...) und verkündet mit vor Stolz bebender Stimme: „Hab ich selbst gemacht!" Offenbar rechnet sie mit fassungslosem Staunen, spontanem Applaus, Autogrammwünschen, Fernsehverträgen, Medaillen, Ohnmachtsanfällen und Hubschraubereinsätzen. Kommt aber alles nicht. Denn die Leute kennen ihren Marmorkuchen bereits in- und auswendig. Und sie können ihn nicht mehr sehen, **ZUMAL MAN DAVON SODBRENNEN KRIEGT.** Aber keiner traut sich, sie zu fragen: „Kannst du nicht mal einen gekauften mitbringen?"

Peinlich!

Papa holt mich und meinen neuen Kumpel Thomas von der Schule ab. Wir steigen ins Auto, ich sage: „Hey Papa, das ist Thomas." Wie man das halt so macht. Aber Papa sagt nicht etwa: „Hallo Thomas, schön, dich kennenzulernen."
Und ist dann still. Nein, Papa hat nen Clown gefrühstückt.
„Alle lieben Jungs und Mädchen, nur nicht Thomas, der liebt Omas", sagt er und lacht sich nen Ast. Thomas zieht die Augenbrauen hoch, ich flüstere schnell: „Der ist bekifft!"
Papa dreht sich um, grinst breit und sagt tatsächlich: „Bin ich gar nicht! Das ist lustig! Thomas, Omas ..." Er guckt uns erwartungsvoll an. „Weil sich's reimt!"
„Papa, wir verstehen das schon!
Es ist nur nicht LUSTIG!"
„Ach komm, sei doch kein Spielverderber, Chris. Wir hatten früher jede Menge von diesen Sprüchen. Du findest das lustig, oder, Thomas? Wie geht's den Omas?" Papa BIEGT sich vor Lachen und Thomas und ich verlassen an der nächsten Ampel fluchtartig das Auto.

Die schlimmsten Elternsprüche: Nr. 71

„Von mir hast du das nicht!"

TYPISCHER NAME:
Gaby

BERUF:
Voll-zeit-Mutti

VERHALTEN:
Heult beim Elternabend, weil eine Klassenreise angekündigt wird. Freut sich übertrieben über eine 3 plus.

Die Hysterische

TYPISCHE ZITATE:
„Wo warst du?! Ich warte schon seit 10 Minuten auf dich! Ich habe schon alle Krankenhäuser abtelefoniert. Ich dachte, du wärst tot!" – „Ist da der Notruf?" – „Wo willst du hingehen?! In die Stadt?! Kommt überhaupt nicht in Frage!" – „Sport?! Bitte tu mir das nicht an! Das überlebe ich nicht!"

AUSSEHEN:
Immer durch den Wind und immer ver-heult

FAHRZEUG:
SUV mit vie-len Schrammen und Beulen

AUSSEHEN:
Korrekt; dünnes Brillengestell; sauber getrimmter Schnurrbart

VERHALTEN:
Schlechter als 2 = Taschengeldkürzung und Hausarrest. Fragt abends um 23 Uhr noch Vokabeln ab und weckt einen morgens mit der Frage nach den binomischen Formeln.

Der Leistungsorientierte

TYPISCHER NAME:
Thomas

TYPISCHE ZITATE:
„Ne 1? Wurde aber auch Zeit." – „Das Niveau musst du jetzt aber auch halten." – Ich will, dass mein Kind in allem am besten ist."

BERUF:
Vertriebler

FAHRZEUG:
7er BMW

Eltern rufen beim Lehrer an

Du hast schlechte Laune, Mathe-Test verhauen, jetzt schnell Schuld auf andere abwälzen: „Die Schneider hat heute voll gemeckert, weil unser Test so schlecht war. ‚Weil die Eltern nicht mehr mit ihren Kindern lernen', meinte sie …" Großer Fehler!

„Hat die ne Meise? Weiß die eigentlich, wie viel wir Eltern jeden Tag zu tun haben? Was erlaubt die sich!" Mutti ist ganz rot im Gesicht. Oh oh! Schnell gegensteuern: „Nee, Mutti, das hat die nicht so gemeint, die hat ja selbst nen Sohn in der Klasse über uns …" – „EBEN! Nee, das geht nicht!" Wooaah, allerhöchster Alarm! „MUTTI! Die Schneider war bestimmt nur …" ZU SPÄT! „Nein, Chris, die können sich nicht alles erlauben! **ICH RUFE DIE FRAU SCHNEIDER JETZT AN!**" NEEEEEEEEEEEEEEIIIIIIIIIIIIIIIIIIIIIN!!!

Peinlich!

IHRE MUSIK

Ich sitze mit meinen Eltern im Auto. Das Radio läuft. Plötzlich quietscht Mutti auf, dreht hektisch am Regler und macht die Musik megalaut. Irgendein seichter Quatsch mit so nem Pseudo-Reggae-Beat, ich höre nur „Sunshine" und „Love" und peinlich! „Ich LIEBE dieses Lied!", ruft Mutti und fängt an, laut mitzusingen.

„Mutti, mach das leise!", brülle ich. Da schaltet sich Papa ein.

„Lass mal das Lied, Chris! Dazu haben deine Mutter und ich besondere Erinnerungen!", sagt er und lächelt Mutti vielsagend an. Sie wird rot und muss kichern.

„Bääääääääh!", schreie ich und halte mir die Ohren zu. Balztanz-Musik. Und wir kommen auch noch in die Nähe der Schule! „Macht das aus!"

Aber Mutti und Papa hören mich nicht, sondern singen jetzt beide lauthals mit, die Köpfe zueinandergeneigt, während sich ein hartnäckiger Ohrwurm in mein Hirn pflanzt. Und das Schlimmste: In der ersten Pause ertappe ich mich dabei, wie ich diesen SCHEISS-SONG vor mich hin pfeife!

Die schlimmsten Elternsprüche: Nr. 75

„Das war noch Musik!"

VERHALTEN:
Korrigiert einen ständig; legt sonntags deinen Fernsehplan für die ganze Woche fest; schenkt dir nur pädagogisch wertvolle Bücher (z.B. *Selfie von Mutti*).

TYPISCHE ZITATE:
„Zeig mal deine Hausaufgaben." – „Von nichts kommt nichts." – „Ich muss noch Hefte korrigieren." – „Das heißt ‚sich entspannen', nicht ‚chillen'."

BERUF:
Teilzeitlehrerin mit 12 Wochen Ferien

FAHR-ZEUG:
Hollandrad mit Korb

TYPISCHER NAME:
Karin

AUSSEHEN:
Korrekt, streng, hochgeschlossene Blusen, naturbelassene Wollröcke

Die Lehrerin

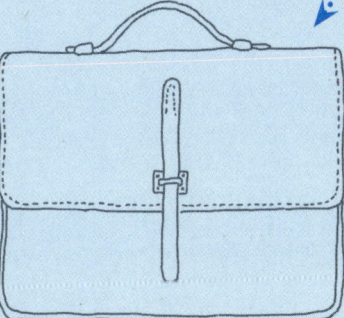

Wohin mit dem Schulbrot?

„Ich hab dir Brote gemacht. Nicht vergessen! Sonst gibst du wieder dein ganzes Taschengeld für Süßkram aus!"
Diesen Mutti-Text hören alle Schulkinder jeden Morgen. Und spätestens ab dem 5. Schuljahr geht es nur noch um eines: Wie und wo werde ich das langweilige Zeugs unauffällig los?

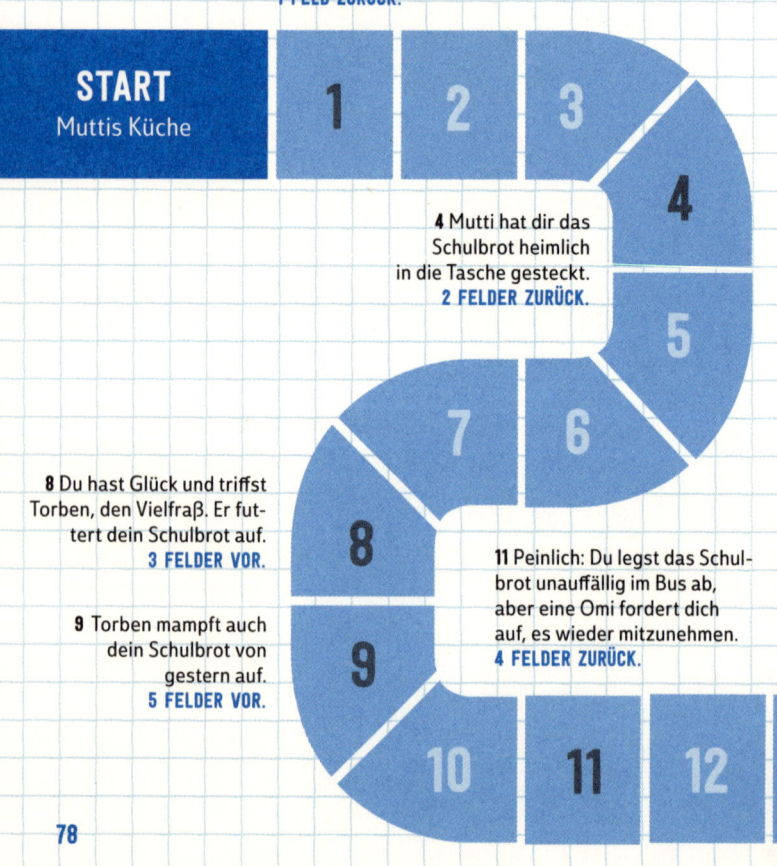

1 Mist! Mutti hat gemerkt, dass du dein Brot „vergessen" hast, und bringt es dir hinterher. **1 FELD ZURÜCK.**

START
Muttis Küche

1 **2** **3** **4** **5**

4 Mutti hat dir das Schulbrot heimlich in die Tasche gesteckt. **2 FELDER ZURÜCK.**

7 **6**

8 Du hast Glück und triffst Torben, den Vielfraß. Er futtert dein Schulbrot auf. **3 FELDER VOR.**

8

9 Torben mampft auch dein Schulbrot von gestern auf. **5 FELDER VOR.**

9

11 Peinlich: Du legst das Schulbrot unauffällig im Bus ab, aber eine Omi fordert dich auf, es wieder mitzunehmen. **4 FELDER ZURÜCK.**

10 **11** **12**

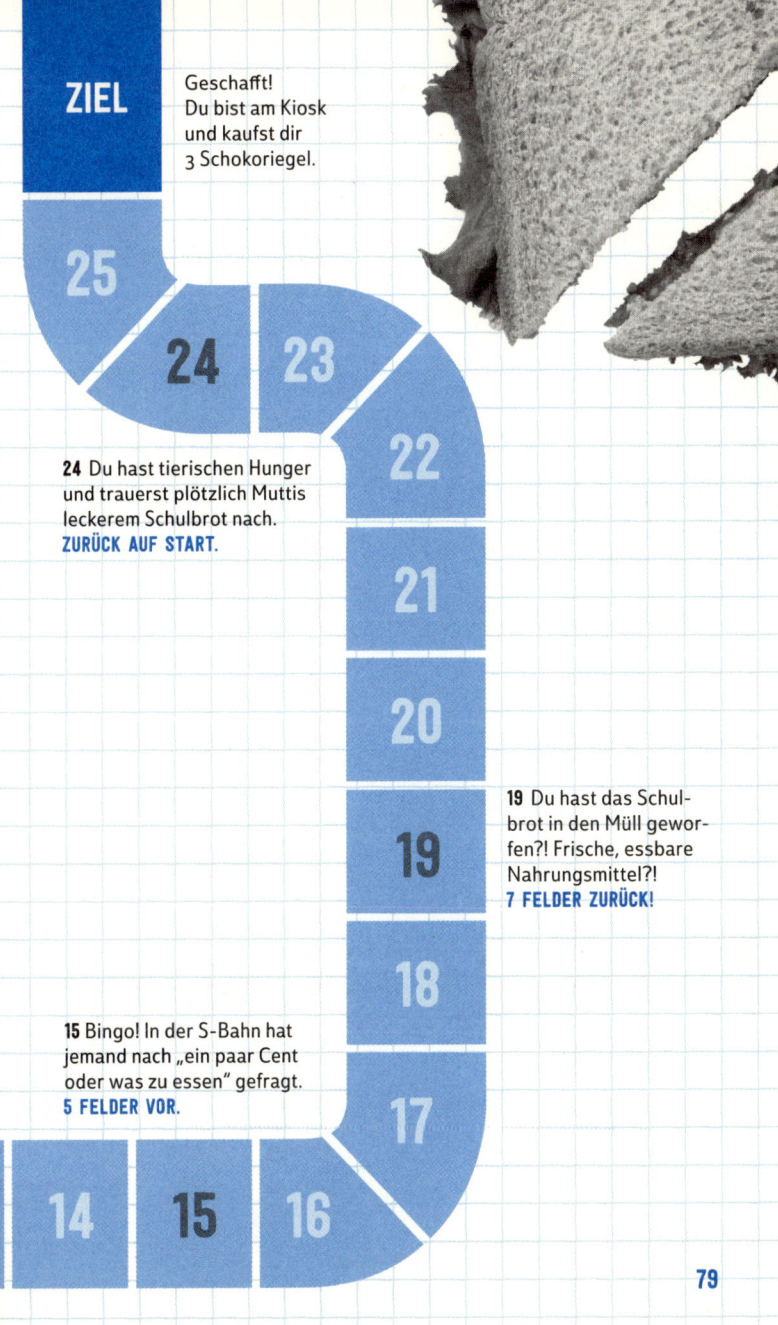

ZIEL

Geschafft! Du bist am Kiosk und kaufst dir 3 Schokoriegel.

25

24

23

22

24 Du hast tierischen Hunger und trauerst plötzlich Muttis leckerem Schulbrot nach. **ZURÜCK AUF START.**

21

20

19

19 Du hast das Schulbrot in den Müll geworfen?! Frische, essbare Nahrungsmittel?! **7 FELDER ZURÜCK!**

18

15 Bingo! In der S-Bahn hat jemand nach „ein paar Cent oder was zu essen" gefragt. **5 FELDER VOR.**

17

14

15

16

Peinlich!

Grillen mit den Nachbarn, yay! Ich bin eigentlich schon pappsatt, aber eine Grillfackel muss noch sein. Am Grill stehen die Papas, meiner vorneweg, Schürze um, Zange in der einen Hand, Bier in der anderen.

"Chrissi, Chrissi ... Wir haben gerade über dich geredet. Willst du ein Bier?" Die Papas lachen angetrunken. Na toll.

"Na komm, Chrissi, eins darfst du heute. Wir passen auf dich auf!" Die Papas lachen lauter.

"Nee danke, Papa, ne Grillfackel wär super!" Die Papas lachen wieder. Warum auch immer.

"Eine Grillfackel für den kleinen Chrissi, haha! Ach Chrissi, ich bin so stolz auf dich!"

Oh nein, der Sentimentale! "Jaja, Papa, ich auch. Die Grillfackel?"

"Weißt du, ihr habt's auch echt nicht leicht heute. Keine Jobs, kein Geld, und Meister wird nur noch Bayern ... Obwohl, das war früher auch schon so ..." Ich mach die Fliege. Dann eben keine Grillfackel.

Die schlimmsten Elternsprüche: Nr. 80

"Du bist doch keine 12 mehr."

"Denk dran, du bist noch keine 14!"

Die übelsten Missetaten

Scheiße bauen gehört dazu. Allerdings sind manche Sachen echt krass. Und der Ärger ist entsprechend.

Hier die Top Ten der Schwachsinnsaktionen – von „nicht ganz so schlimm" (10) bis „echt kriminell" (1):

10 Beim Kicken ein Fenster zerbrochen

9 **Den Goldfisch der Nachbarn gebraten und gegessen**

8 Das dritte Mal beim Schwarzfahren erwischt

7 **Mit einer telefonischen Bombendrohung das Sommerfest der Schule abgebrochen**

6 Stockbesoffen von der Polizei heimgebracht

5 Beim Ladendiebstahl erwischt

4 **Heimlich das Auto der Eltern genommen und Unfall gebaut**

3 Den Kiosk angezündet

2 Beim S-Bahn-Surfen abgestürzt und im Krankenhaus aufgewacht

1 **Unterschrift unter der Klassenarbeit gefälscht und aufgeflogen**

AUSSEHEN:
Superman-
Schürze; praktisch-
bequeme Klamotten;
Haushaltshandschuhe;
Hausschuhe

BERUF:
Gelernter
Sozial-
pädagoge

VERHALTEN:
Kontrollfreak;
Helikopter-Papa;
ständig gestresst
und gehetzt

**TYPISCHE
ZITATE:**
„Stöhn!" – „Komm,
Tisch decken! In 84
Sekunden gibt's Essen, sagt
die Mikrowelle." – „Hast
du Hausaufgaben?" –
„Was macht ihr
da?"

**TYPISCHER
NAME:**
Ralf

Der Hausmann

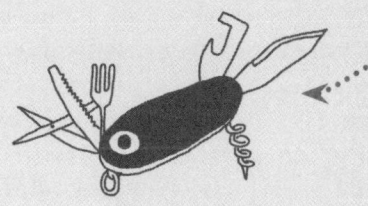

Kann ich jemanden mitbringen?

Es ist das erste Mal, dass du deinen Freund / deine Freundin mit nach Hause bringst. Die Nerven liegen blank. Bei allen.

 SOHN BRINGT FREUNDIN MIT

MUTTI ist überzeugt, dass diese Frau ihren Sohn unglücklich machen wird. Wie alle Frauen außer Mutti. Verbrüdert sich aber trotzdem mit ihr.

PAPA schielt ihr auf den Arsch und geht sich unauffällig ein peinliches Muscle-Shirt von 1996 anziehen.

FREUNDIN „Deine Mutter ist schon ne tolle Frau. Sie hasst mich, oder?"

 TOCHTER BRINGT FREUND MIT

MUTTI flirtet ihn an und fragt ihn total peinlich nach seinen Eltern, seinen Großeltern, seinen Geschwistern und der Einrichtung der Eltern aus.

PAPA will wissen, ob er seine Tochter beschützen und ernähren kann; was er handwerklich draufhat und für welchen Verein er ist. Später nimmt er ihn kurz zur Seite: „Wenn du ihr auch nur einmal wehtust, brech ich dir alle Knochen, verstanden?"

FREUND „Dein Vater ist total cool."

SOHN BRINGT FREUND MIT

MUTTI „Wir sind sehr tolerant und liberal. Herzlich willkommen in unserem Haus!"
Später, heulend: „Können die Ärzte da wirklich nichts machen?"
PAPA muss plötzlich nochmal ins Büro.
FREUND „Denken deine Eltern eigentlich, wir seien schwul?"

 TOCHTER BRINGT FREUNDIN MIT

MUTTI ist froh, dass jemand kommt, die im Haushalt helfen kann.
PAPA schielt ihr auf den Arsch und geht sich unauffällig ein peinliches Muscle-Shirt von 1996 anziehen.
FREUNDIN „Denkt dein Vater, eigentlich, ich steh auf Männer?"

BERUF:
Maurer

TYPISCHE ZITATE:
„Werd bloß kein Chauvi!" – „Sarah, hilf mir mal, den Schrank aufbauen." – „Jungs sind gar nicht sooo toll." – „Musst du immer mit diesen Tussis abhängen?"

AUSSEHEN:
Wie Chris,
nur ohne
Titten

FAHRZEUG:
Liefer-
wagen

Die
Emanze

**TYPISCHER
NAME:**
Alex

VERHALTEN:
Immer im Kampf-
modus. Kauft ihren
Töchtern Fußbälle, Spiel-
zeugautos und echte Waffen,
ihren Söhnen Barbies, rosa
Klamotten und Lillifees.
Haustier: Nackt-
katze.

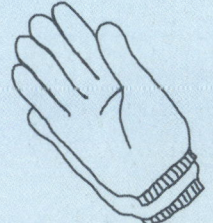

Peinlich!

MUTTI STEHT IN DER STADTTEILZEITUNG

Ich komme Montagmorgen in die Schule, da ruft mir Tim entgegen: „Hey Chris, deine Mutter ist in der Zeitung!"

Ja, ich weiß.

„Vorne drauf! ‚Engagierte Mutter organisiert Kuchenbasar für die Kinderbibliothek' ist die Überschrift."

Ja, ich weiß ...

„Mit Bild sogar!"

Ja, ich weiß das!

„Und im Artikel spricht sie über dich. ‚Mein kleiner Chrissi hatte so viel Spaß in dieser Bücherei, die Chance sollen andere Kinder auch bekommen.' Haha, kleiner Chrissi!"

JA, ICH WEISS!

Der verdammte Artikel hängt seit Samstag gerahmt bei uns im Flur und Mutti steht stolz daneben und liest ihn jedem vor. Am liebsten das Zitat über mich, den kleinen Chrissi. Mama, du bist echt die Beste, aber LASS DEN SCHEISS!!

Die schlimmsten Elternsprüche: Nr. 88

„Das ist *mein* Junge!"

„Spiel doch mal mit Dennis!"

Mutti kümmert sich bekanntlich um alles. Besonders gern auch um deine Spielkameraden. Gründe gibt's reichlich.

1) SIE HAT MITLEID MIT DIR.

Weil du angeblich keine Freunde hast, organisiert sie dir welche. Natürlich die letzten Idioten, mit denen du dann Brettspiele machen sollst.

2) SIE HAT MITLEID MIT ANDEREN.

„Komm, spiel doch mal mit Dennis. Der ist immer so allein und traurig."

3) SIE SORGT SICH WEGEN DEINES UMGANGS.

„Thilo ist so schrecklich wild. Heute gehst du mal zu Marc-Oliver, der hat coole Lernspiele auf dem Computer."

4) SIE IST FEMINISTIN und mag keine Jungs.

„Wieso soll Geneviève keine Lust haben, ein Baumhaus mit dir zu bauen? Mädchen sind bei so etwas sehr geschickt."

5) SIE WILL SICH EINSCHLEIMEN.

„Nur weil Immanuel der Sohn deines Lehrers ist, ist der doch nicht automatisch blöd."

6) SIE IST NEUGIERIG.

„Geh doch heute mal zu den neuen Nachbarkindern rüber. Und frag doch mal unauffällig, was der Vater beruflich macht. Muss ja was Besseres sein, wenn die sich diese Gegend leisten können …"

BERUF:
Top-
manager

**TYPISCHE
ZITATE:**

„Es wird ein bisschen später heute." – „Fangt schon mal ohne mich an mit der Bescherung. Frohe Weihnachten!" – „An Ostern machen wir was ganz Schönes zusammen. Versprochen!" – „Karfreitag muss ich nach L.A." – „Ich mach das alles nur für euch!" – „Bist du Mareike oder Jonas?" – „Ich nehm nur noch kurz diesen Anruf an."

FAHRZEUG:
Porsche

AUSSEHEN:
Immer im Anzug; teure Uhr; Blackberry an ihm festgewachsen

VERHALTEN:
Gibt Mutti Geld für Geburtstagsgeschenke; Glückwunsch-SMS kommt von seiner Sekretärin; alle außer ihm sind irritiert, wenn er mal da ist; geht um 5:30 Uhr joggen

TYPISCHER NAME:
Christian

Der
Workaholic

Peinlich!

Ich gehe mit Mutti durch die Stadt und an der Bushalte steht eine Frau, ungefähr im Mutti-Alter. Sie hält einen Stadtplan in der Hand, guckt ein bisschen ratlos, scheint aber sonst ganz zufrieden. Natürlich stürzt Mutti hin und fragt: „Kann ich Ihnen vielleicht behilflich sein?"
„Oh, sorry, I don't speak German, do you by any chance speak English?" Oh nein!
„Ohhh, jäs! Hau du ju du?" Meine Ohren versuchen plötzlich

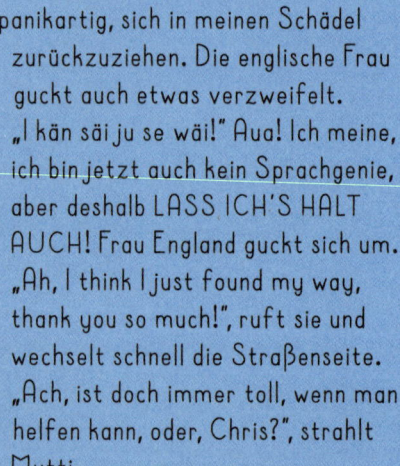

panikartig, sich in meinen Schädel zurückzuziehen. Die englische Frau guckt auch etwas verzweifelt.
„I kän säi ju se wäi!" Aua! Ich meine, ich bin jetzt auch kein Sprachgenie, aber deshalb LASS ICH'S HALT AUCH! Frau England guckt sich um.
„Ah, I think I just found my way, thank you so much!", ruft sie und wechselt schnell die Straßenseite.
„Ach, ist doch immer toll, wenn man helfen kann, oder, Chris?", strahlt Mutti.

Die schlimmsten Elternsprüche: Nr. 92

„Än äppel ä däi
kieps se doktor ewäi!"

**Wenn Papa mich
mit Technik
ausrüsten
würde ...**

TYPISCHER NAME: Fritzi

TYPISCHE ZITATE: „In welchen Club gehen wir am Samstag?" – „Ich find's toll, dass wir uns so gut verstehen." – „Kann ich dir was erzählen über Papa und mich?"

FAHRZEUG: Ford Ka (von der Tochter ausgesucht)

AUSSEHEN: Girlie-Style; Zöpfe; schlank und übertrieben jugendlich

Die beste Freundin

BERUF: Sekretärin

VERHALTEN: Befreundet sich mit dir und allen Freundinnen bei Facebook; will Mitglied in all deinen Whats-App-Gruppen sein; leiht sich deinen Nagellack aus.

BERUF:
Seit 25 Jahren nicht befördert

TYPISCHER NAME:
Bommi

VERHALTEN:
Loser; peinlich uncool; raucht heimlich; steht zuhause unterm Pantoffel

Der Revoluzzer von früher

AUSSEHEN:
Trägt, was Mutti ihm rauslegt: Cordhose, Olaf-Schubert-Pullunder etc.

FAHR-ZEUG:
Ente

TYPISCHE ZITATE:
„Früher war ich hip." – „Wir haben uns damals noch gewehrt gegen die Lehrer." – „Vorsicht, Bullen!" – „Ja, Sylvia, ich bring die Wäsche mit."

95

Supereltern

„Na, Chris? Dein Papa baut die Bühne fürs Theaterstück, oder? Voll cool von dem!"

„Chris, kannst du bitte deiner Mutti die Teilnehmerliste und den Ablaufplan für den Schulausflug geben, damit sie morgen weiß, wo sie hinmuss?"

SUPERELTERN MACHEN ALLES! Sie backen für den Kuchenbasar, machen Kartoffelsalat fürs Schulfest, basteln Makkaroni-Sterne fürs Krippenspiel, schrauben Bänke fürs Theater-Open-Air ... Wenn man sich freiwillig melden könnte, um morgens die Schule aufzuschließen, SIE WÜRDEN ES TUN! Eltern sind wie umgekehrte Superhelden. Wenn Batman und Co. sich freiwillig melden, muss immer alles ganz geheim bleiben. Niemand darf wissen, dass Bruce Wayne hinter der Maske steckt, und er und sein Sidekick Robin tun alles dafür, dass ihre Identität nicht bekannt wird.

Bei Supereltern ist das genau andersherum. Es fehlen noch Freiwillige für den Standdienst am Weihnachtsbasar? Mutti schreit laut: **„ICH, MUTTI VON CHRIS, KANN DAS MACHEN!"** Der Pavillon im Schulgarten soll renoviert werden und man braucht Werkzeug? Papa brüllt: **„ICH, PAPA VON CHRIS, HABE EINEN AKKUSCHRAUBER!"**

Nur deine Aufgabe als Sidekick bleibt gleich. Verzweifelt versuchst du, zu verhindern, dass ganz Gotham ... ähh, das gesamte Erich-Kästner-Gymnasium mitkriegt, dass Mutti SCHON WIEDER die Waffeln auf der Abifeier backt. Versteckst morgens Papas Schuhe, damit er als Klassenpate nicht mit ins Völkerkunde-Museum kommt. Doch es hat keinen Sinn. Mutti wird dem gesamten Abijahrgang erzählen, dass „ihr Chrissi" ja in zwei Jahren dran ist, und Papa steht putzmunter in Sandalen vorm Museum. Widerstand ist zwecklos. Du musst der Realität entgegenblicken: Die Welt ist kalt, hart und ungerecht **UND DU HAS(S)T SUPERELTERN!**

VERHALTEN:
Gackert rum; hat ständig Freundinnen zu Besuch; raucht lange Zigaretten; redet und lästert viel und gerne; benutzt häufig Pfefferminzspray.

FAHR-ZEUG:
Momentan Taxi

AUSSEHEN:
Geschmacklos, teure Klamotten, teurer Schmuck, übertriebenes Make-up

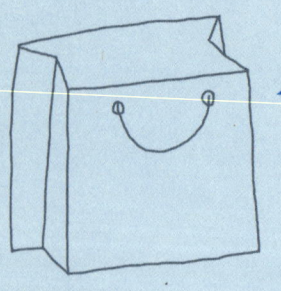

TYPISCHE ZITATE:
„Männer sind Schweine! Merk dir das!" – „Ich kann dich nicht fahren. Du weißt doch ..." – „Stößchen!"

Die Prosecco-Amsel

BERUF:
Bankergattin
und Kredit-
kartennutzerin

**TYPISCHER
NAME:**
Gitta

Weihnachten

Ach, ist das schön, wenn die ganze Familie sich einmal im Jahr friedlich versammelt. Eltern, Geschwister, Großeltern, Tante Ingrid und Onkel Werner, deren Hund, eure Katze – alle sind da. **UND WILD ENTSCHLOSSEN ZU GUTER LAUNE.** Aber dann kommt das mit den Geschenken. Du hast natürlich längst gecheckt, was im Kleiderschrank der Eltern versteckt war. Aber jetzt – **KRIEGT DEINE KLEINE SCHWESTER DAS NAGEL-NEUE SMARTPHONE.** Und du sollst dein uraltes iPhone 5 behalten? Und dich stattdessen über diesen Scheiß-Pullover freuen?! Aber da taucht noch ein Geschenk auf. Eindeutig von Papa verpackt, auf den letzten Drücker. Technik? Auch für dich das Neueste vom Neuesten? Ähhhhm – fast! Papa vermacht dir **MIT ALLEN ANZEI-CHEN DER RÜHRUNG** seine erste Spielkonsole. Sie kann die Grundrechenarten und Pac-Man. Super, wie toll.

101

Das Weihnachtsessen

Deine Eltern denken, ein gelungenes Weihnachtsessen gehe so wie in ihrer eigenen Kindheit: Es wird teuer eingekauft, Papa schwingt sich das einzige Mal im Jahr zum Chefkoch auf und acht Stunden später kommt die köstlich duftende, gebratene Gans auf den hübsch gedeckten Tisch, wo die Familie in Festtagskleidung wartet und sich freut.
Aber da haben sie sich getäuscht.

MAMA: „Ich wollte, dass du heute EINMAL was Schönes anziehst!"

DU: „Was denn?! Das ist meine beste Jogginghose!"

OPA: „Ich habe jetzt Laktoseintoleranz. Ist die Gans mit Laktose?"

OMA: „Für mich nur ein bisschen Salat."

TOCHTER: „Ich bin seit heute Veganerin."

ONKEL WERNER: „Ist das eine Bio-Gans?"

TANTE INGRID: „Sind die Orangen aus der Region?"

PAPA: „Ihr könnt mich alle mal. Ich geh jetzt in die Kneipe und esse Currywurst mit Pommes."

DU: „Kann ich fernsehen?"

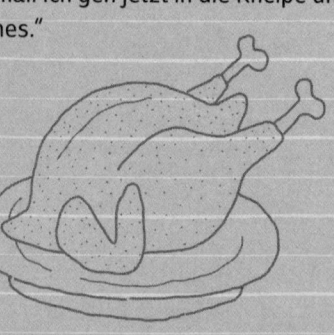

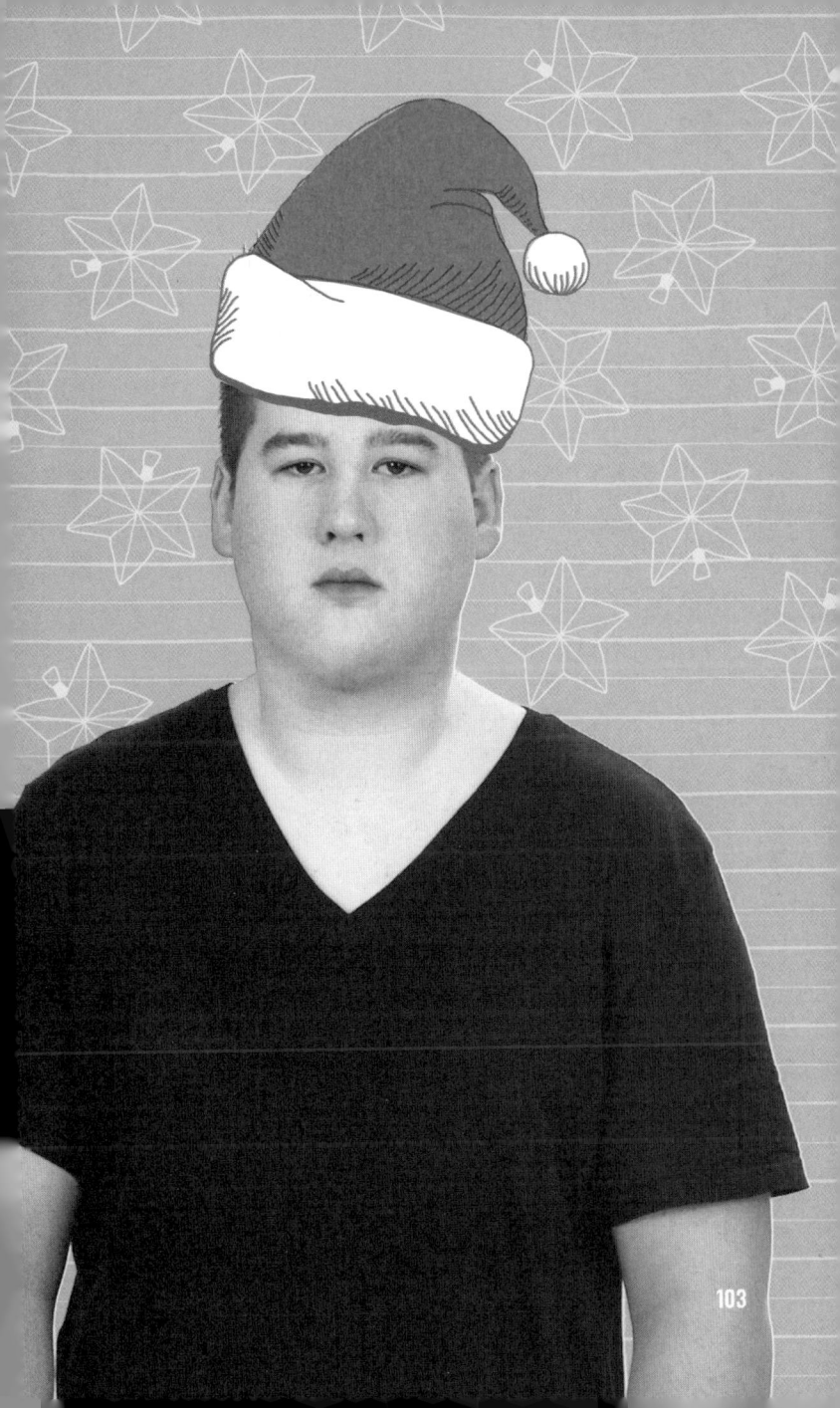

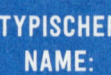

TYPISCHER NAME:
Renate

FAHR-ZEUG:
Smart

TYPISCHE ZITATE:
„Ich hab's geschafft – du sollst es auch schaffen." – „Mir egal, dass du demnächst 17 wirst: Du bist um 10 zuhause."

AUS-SEHEN:
Chefmäßig; Blazer; steife Frisur (Dutt oder Kurzhaarschnitt)

BERUF:
Abteilungsleiterin Finanzamt

Die Strenge

VERHALTEN:
Schickt dich auch bei Regen und Schnee und mit 38,5˚ Fieber mit dem Rad zur Schule. Bevorzugte pädagogische Instrumente: Hausarrest und Fernsehverbot.

TYPISCHER NAME:
Jörg

BERUF:
Kranken-
pfleger

VERHALTEN:
Witzelt ständig;
steht bei deinen Partys in
der Küche neben dem Kühl-
schrank und kommentiert alles
und jeden; haut dem Sitznachbarn
auf die Schenkel, wenn die Poin-
te kommt; spoilert jeden Gag
von anderen; witzelt auch
auf Beerdigungen.

Der
Witzbold

S-EX 666

TYPISCHE ZITATE:
„Tel Aviv" (statt „C'est
la vie") – „Schankedön" –
„Schittebön" – „Zum Bleistift"
– „Alles Roger in Kambodscha" – „Ich
wollte Spider-Man anrufen, aber er
hatte kein Netz." – „Die Polizei hat
einen Penis gefasst. Er hat gestanden." – „Ich möchte gerne
Rumkugeln. – Gerne! Platz
ist genug."

FAHRZEUG:
Marke egal;
Nummern-
schild nicht

**AUS-
SEHEN:**
Jürgen-von-
der-Lippe-
Hemden

Deine Eltern richten sich EINMAL neu ein

Wenn man so 15 oder 16 ist, gibt es diesen Tag, an dem man nach Hause kommt, Mutti schreit: **„SCHUHE AUS!"**, man geht in die Küche, holt sich einen Saft, alles normal. Dann macht man sich auf den Weg ins Wohnzimmer, ein bisschen Xbox spielen nach der Schule. Plötzlich steht Mutti vor einem. „Wo willst du hin?" Beide Arme in die Hüfte gestemmt, das linke Augenlid zuckt ein bisschen. „Ähh, ins Wohnzimmer?", sagst du vorsichtig. „AHA!" Der Zeigefinger deiner Mutti bohrt sich in deine Brust. **„HIER LÄUFT JETZT EINIGES ANDERS, JUNGER MANN!"** „Mutti, ich will zocken, kann ich jetzt mal vorbei?" Du versuchst, dich vorbeizudrängeln, erhaschst einen Blick durch die Tür. Irgendwas ist anders. „Nicht mit dem Saft, mein Lieber! Und zieh endlich die Schuhe aus!"

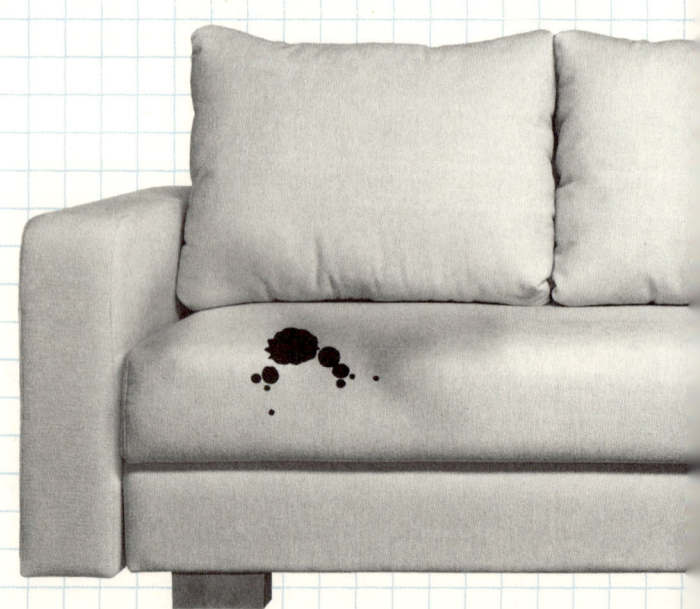

Deine Mutti reißt dir das Glas aus der Hand. „Mutti, ich hab Durst, WAS IST DENN LOS?" Du drückst dich an ihr vorbei. **IM WOHNZIMMER STEHT EIN BRANDNEUES SOFA. IN WEISS.** „Uhhh Mutti, schick! Habt ihr euch mal was geleistet!" Du nimmst Anlauf, lässt dich in die weichen Kissen fallen. „VORSICHT! Nicht mit der dreckigen Hose!" Dreckig? Ich war doch nur in der Schule, nicht aufm Bau. „Mutti, mach dich locker. Voll gemütlich hier!" – „Chris, sei BITTE vorsichtig! – Das ist neu und soll nicht gleich eingesaut werden!" „Jaja!", sagst du. Mutti wischt sich den Schweiß von der Stirn, seufzt und geht dein Glas wegbringen. Zum Glück, denn gerade ist dir der Edding ohne Kappe eingefallen, den du heute in der Freistunde in deine Hosentasche gesteckt hast. Nur kurz ... „Mutti ... das geht doch wieder raus, oder?"

VERHALTEN:
Will ständig „drüber reden"; viel Augen- und Körperkontakt; heult bei jedem Film; liebt „Titanic"; ist engagiert, besorgt und betroffen

BERUF:
Erzieher

Der Öko-Softie

TYPISCHE ZITATE:
„Du, das versteh ich total, du." – „Ich mach uns erstmal 'n Jade Supreme Dong Ding Oolong-Tee und dann erzählst du mir alles." – „Das gehört in die *gelbe* Tonne! Du, das ist mir echt wichtig!"

AUSSEHEN:
Poloshirt, ausge-
waschene weite Stoff-
hose; immer ein Tempo in
der Hand; labellosüchtig;
immer mit Bio-Hand-
creme zugange; Gür-
teltasche

CREME

FAHRZEUG:
Hellblau

**TYPISCHER
NAME:**
Joscha

Die schlimmsten Strafen

Manchmal greifen Eltern plötzlich durch – weil sie in irgend-
einer Erziehungssendung die Wörter „Konsequenz", „Grenzen
zeigen" und „Folgen spüren" aufgeschnappt haben.
Dann folgen dramatische Ankündigungen. Hier die Top 5
der echt üblen Strafen:

5 Hausarrest statt Party

4 Nachhilfe

3 Taschengeldentzug

2 WLAN-Anschluss kappen

1 Smartphone einziehen

Das Schöne ist: All diese Strafen werden am Ende zurück-
genommen – weil die Umsetzung und dein Geheule den Eltern
viel zu viel Stress bereiten.

Und hier noch die drei besten „Strafen":

3 „24 Stunden keine Musik!
Her mit dem MP3-Player!"

2 „Du kommst am Sonntag
nicht mit zum Tag der Museen!"

1 „Dein Lehrer hat angerufen:
Du bist den Rest der Woche
vom Unterricht ausgeschlossen."

Peinlich!

Dienstagmorgen, Doppelstunde Mathe, das Wochenende ist noch unendlich weit weg, das Ende vom Schultag erst recht. Ich sehne mich nach einer Ablenkung, irgendwas – und juhu! Es klopft! Endlich! Die Schneider ruft genervt: „Ja?"

„Entschuldigen Sie, Frau Schneider, dass ich hier so reinplatze, aber Chris hat heute Morgen seinen Turnbeutel zuhause vergessen!"

Ich sitze reglos da, Augen aufgerissen, Kinnlade liegt auf dem Tisch. Es ist nur ein böser Traum! Nur ein Traum! Nur ein Traum! Langsam drehen sich viele grinsende Gesichter in meine Richtung. Kein Traum. Ein realer Albtraum.

Mutti kommt auf mich zu, den Turnbeutel in der Hand. „CHRISSI, IHR HABT DOCH HEUTE SCHWIMMEN!" Ja, ich WEISS, deshalb hab ich den Turnbeutel ja zuhause gelassen!!! „Mama, was machst du hier!?!"

Ich weiß nämlich, wie Flüstern geht. „ICH BRINGE DIR DEINE SACHEN! HAB DIR AUCH NOCH EIN EXTRABROT GESCHMIERT, MIT BÄRCHENWURST. BIS HEUT MITTAG, SCHATZ!"

Die schlimmsten Elternsprüche: Nr. 111

„Wenn dein Kopf nicht angewachsen wäre, würdest du den auch überall vergessen!"

FAHRZEUG:
Porsche
Carrera

AUSSEHEN:
Business-Dress,
Haare streng nach
hinten, gestylt,
geschmackvoll,
teuer

VERHALTEN:
Arrogant, busy,
Last-Minute-
Geschenke vom
Flughafen, Geld ist
kein Problem

**TYPISCHE
ZITATE:**

„Ich komm heut später." –
„Essen ist in der Mikrowelle." –
„Bin im Meeting. Ich ruf später zurück." –
„Blöd mit dem Liebeskummer, Schatz. Aber
ich bin hier gerade sehr busy. Erzählst du's
meiner Sekretärin?" – „Ach Mensch, stimmt ja!
Wie alt wirst du nochmal? Ich bin blöderwei-
se ab morgen für drei Tage in den Staaten.
Kaufst du dir einen schönen Geburtstags-
kuchen, mein Engel?" – „Ich sprech mit
dem Schulrat, wenn ich zurück bin.
Versprochen." – „Frau
Müller muss weg!"

Die Karriere- frau

TYPISCHER
NAME:
Katrin

113

Peinlich!

Tanzende Eltern sind immer peinlich. IMMER. Jederzeit. Keine Ausnahme! KEINE! NIEMALS! Nix! Punkt. Aus. Ende. Keine Diskussion. UND KEIN TANZEN!

Die schlimmsten Elternsprüche: Nr. **114**

„Sitz gerade!"

Der Spießer

TYPISCHER NAME:
Anselm

FAHRZEUG:
Moped

AUSSEHEN:
Gegeltes Resthaar; Schnurrbart; kariertes hellbraunes Hemd; langweilig; Slipper aus durchbrochenem Kunstleder

VERHALTEN:
Zeigt Nachbarn wegen Falschparkens und Ruhestörung an; ist im Schrebergartenverein; versteht keinen Spaß; Spindkontrolle mit Schikanen; betrachtet seine Kinder als Regelverletzer und Ruhestörer

BERUF:
Hausmeister

TYPISCHE ZITATE:
„Runter vom Rasen!" – „Macht ihr das zuhause auch?" – „Sowas gibt's bei mir nicht!" – „Es ist bereits 12:01 Uhr. Wo bleibt das Mittagessen, Helga?" – „Du musst dringend zum Friseur!" – „So willst du rausgehen?" – „Wehe, du machst meinen Wagen schmutzig!"

115

Deine Eltern machen eine Fete

Es geht schon mit dem Wort los: **FETE**. War anscheinend in der Jugend deiner Eltern das Wort, mit dem sie sich von den Spießer-Feiern ihrer Eltern abgrenzen wollten. Dabei sind ihre „Feten" selbst superspießig. Aber sie halten sich weiter für die jugendlichsten Jugendlichen, die je auf das Rentenalter zusteuerten.

SIE HÖREN SEEEEEEHR MERKWÜRDIGE MUSIK (zum Beispiel Chris de Burgh, Alice Cooper, The Cure, Eurythmics, Dire Straits), trinken trockenen Weißwein, rauchen Zigaretten, erzählen sich was von der Weltrevolution und essen Fleisch. Pervers bis zum Abwinken.

Am schlimmsten wird es, **WENN SIE ANFANGEN ZU TANZEN.** Es riecht nach Schweiß, weil keiner von denen Deo benutzt. Und manche haben sogar Achselhaare. Es ist sooo eklig!

Und natürlich wollen sie irgendwann stolz ihre Kinder vorführen. Und zeigen, wie cool und locker und tolerant sie drauf sind. Dann bieten sie dir einen Wein an (ohne Cola!) und manche der nach Schweiß und Alkohol stinkenden Gäste fragen dich kumpelhaft, auf welcher Demo du als Letztes warst. Hallo?!?

TIPP:
Wenn deine Eltern eine Fete ankündigen: Hau ab! Mach irgendwas anderes! Selbst ein Gemeindewochenende ohne Alkohol und mit Gebetskreis und Kirchenliedern ist besser als das.

TYPISCHER
NAME:
Uwe

Der Biker

TYPISCHE ZITATE:

„Kommste mit nach Italien?" – „Willst'n Bier?" – „Doch, der Helm muss sein." – „Ich schreib dir ne Entschuldigung." – „Du machst dat schon." – „Soll ich mal mit deinem Lehrer reden?"

VERHALTEN:
Geht mit Kindern
zum Bikertreffen;
Camping und Festivals;
hört nur AC/DC;
locker, cool, witzig

AUSSEHEN:
Lange Haare,
Vollbart, Leder-
klamotten,
Tattoos

BERUF:
Eigene
Kneipe

Peinlich!

MUTTI WILL MIT REIN

Die 5. Klasse, das Badezimmer, die Umkleidekabine, der Fußballverein, die Party ... sie alle haben eins gemeinsam: Mutti soll da nicht mit rein. Und genau diesen Satz muss jeder irgendwann laut aussprechen: „Nein, Mutti, du kommst nicht mit rein!"

Man fühlt sich ein bisschen wie Gandalf in „Der Herr der Ringe", so mit Stab und Umhang und Brücke und MACHT!

„Du kannst hier nicht durch!"

Einziger Unterschied: Das Balrog-Supermonster hat nicht diskutiert!

„Aber Chris, das ist doch dein erstes Mal, und du weißt gar nicht, wo du hinmusst!"

„Mutti, du kommst nicht mit rein!"

„Aber wenn sie dir was erklären, das du nicht verstehst?"

„Dann sterb ich dumm. Du kommst nicht mit rein!"

„Aber ..."

„NEIN, MUTTI! Wir sind hier beim Urologen und DU KOMMST NICHT MIT REIN!"

Die schlimmsten Elternsprüche: Nr. **120**

„Du erkältest dich!"

TYPISCHER NAME:
Petra

BERUF:
Kiosk

VERHALTEN:
Stopft und dreht ununterbrochen Zigaretten; steht ständig fröstelnd draußen; hustet am laufenden Band; geht lieber nicht zum Arzt.

Die Ketten- raucherin

AUS- SEHEN:
Gelb

TYPISCHE ZITATE:
„Hast du mal Feuer?" – „Haste mal ne Kippe für mich?" – „Hast du an meinen Tabak gedacht?" – „Nee, ist nur ne Erkältung, glaub ich." – „Willst du auch eine? Mit 15 hab ich längst geraucht."

FAHRZEUG:
Alter Chevi mit Riesen- aschenbecher

XXX

Es ist ein lauer Sommertag, du hast dir auf dem Weg nach Hause ne Capri-Sonne gekauft, gleich gibt's lecker Mittagessen bei Mutti ... du denkst also an nichts Böses, da macht es leise **PING** in deinem Hirn. Du schüttelst den Kopf, lachst innerlich über die rote Birne vom Schulze in der Schule heute, Aufklärung in Bio, megapeinlich, da macht es wieder **PING**. Lauter diesmal. Irgendwas will raus. Kurz bist du neugierig, lässt den Gedanken nach vorne kommen ...

WOOOOAH!!!

Schleusen zu! Panzertüren schließen! Schotten **DICHT! ALTER!** Dir zittern die Knie und du musst dich am Zaun festhalten. Bilder durchfluten deinen Schädel, gnadenlose Rechnungen, **FAKTEN!** Du schließt die Augen, presst die Hände auf die Ohren ... du willst es nicht sehen, du willst es nicht hören! **DU WILLST ES NICHT WISSEN!!!** Aber es ist zu spät! Die widerlichste Verkettung **UNBESTREITBARER** Fakten ist in deinem Schädel. Wieder ein Geräusch in deinem Kopf, diesmal ist es aber eher ein krankes Husten, kurz vorm Kotzen. Der Schulze erscheint vor deinem inneren Auge und zählt gnadenlos auf: „Chris, du bist am Leben. Das heißt, du wurdest geboren. Das heißt, deine Mutti war schwanger. **DAS** heißt, es gab einen Zeitpunkt, damals, vor vielen Jahren plus neun Monaten ..."

WIMMER

„ ... da ... hatte ... deine ... Mutter ..."

NEIIIIIIN!!!

„... mindestens einmal ..."

GNADE!!!

... „Sex!"

WAAAAAAAAAAARRRRGHHHH!

„Mit deinem **VATER!**"

Entkräftet sinkst du in dich zusammen. Du schüttelst den Kopf, dein Verstand ist kurz vor dem Kollaps. Das muss alles ein Irrtum sein. Deine Eltern können … haben … **NIEMALS!!!** Nicht **DEINE** Eltern. Nein! Du atmest tief durch. Gedanken kann man verdrängen. Vorsichtig stemmst du dich hoch. Wackelig, aber stabil. Du hebst den Fuß, tust einen Schritt Richtung Mittagessen …

PING.

„Du hast übrigens drei Geschwister."

Dankbar verabschiedest du dich in die Ohnmacht.

VERHALTEN:
Arrogant;
entspannt; Herrschertyp;
baggert deine junge Lehre-
rin (49) an; stolz auf sein
Kind, weil Potenzbeweis;
Angeber; Hausbesitzer
(abbezahlt).

BERUF:
Inhaber
einer Werbe-
agentur

Der Weiß-
haarige

FAHR-ZEUG: Porsche

AUSSEHEN: Zopf; teuer-leger; Typ Karl Lagerfeld

Marketing

TYPISCHE ZITATE: „Kannst du meine Windel auch gleich wechseln, Schatz?" – „Ich zahl das." – „Am Sonntag kommen deine sechs Halbgeschwister zu Besuch."

TYPISCHER NAME: Roland

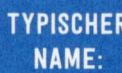

TYPISCHER NAME:
Fabienne

BERUF:
Künstlerin

VERHALTEN:
Tiefenentspannt;
auf sympathische
Weise verpeilt.

Die gechillte Muddi

AUSSEHEN:
Entspannt-
attraktiv-lasziv;
teure Naturmate-
rialien; extravaganter
Schmuck

TYPISCHE ZITATE:
„Du machst das schon."
– „Hab ich noch nicht
geschafft." – „Läuft, oder?"
– „Mach dich erstmal locker.
Um die Schule kannst du
dich auch nach den Ferien
noch kümmern."

FAHRZEUG:
Fiat Barchetta
(Cabrio)

Peinlich!

Neulich ruft meine Mutti: „Chrissi, komm doch mal ins Wohnzimmer!" Ich komm rein, sitzt da Mutti mit einer Freundin und ... einem Mädchen.

„Natalie, das ist mein Chrissi!", sagt Mutti zu dem Mädchen. Sie winkt, ich nick ihr zu. Standard. „Setz dich doch zu uns, Chris", sagt plötzlich die Mutti-Freundin. Ich setze mich langsam und vorsichtig auf die äußerste Kante des Sofas. „Ruhig näher ran", lacht Mutti und schiebt mich quasi auf Natalies Schoß. „Natalie beißt nicht!" Oh, ich weiß, was hier läuft. Schnell springe ich auf und rufe: „Hausaufgaben! TEST! Mathe! Lernen!" Natalie sieht mich erleichtert an. Hey, so schlimm bin ich ja nun auch nicht ... „Ach, mein Chrissi ist immer so pflichtbewusst", säuselt Mutti. Mann, Mutti, als hätte ich ne Chance bei nem Mädchen, vor dem du mich „Chrissi" genannt hast ...!

Die schlimmsten Elternsprüche: Nr. 127

„Das ist alles nur zu deinem Besten!"

TYPISCHER NAME:
Werner

FAHRZEUG:
Jeep (angezahlt)

BERUF:
JVA-Beamter

VERHALTEN:
Prügelt sich beim F-Jugend-Spiel seines Sohns mit dem Schiedsrichter; Stadionbesucher; 3 Würste und 3 Bier

Der Fußball-Dad

TYPISCHE ZITATE:
„Ich musste ja damals aufhören, kurz vor dem DFB-Lehrgang, wegen meiner Schulter." – „Hau ihn um!" – „Hauptsache gewonnen." – „Zieh, Junge, zieh!" – „Zieh doch ab!" – „Lauf schneller!"

AUSSEHEN:
Plauze; HSV-Trikot von 1979 (zu eng), kommt zum Elternabend in Sportschuhen und kurzer Sporthose.

TYPISCHE ZITATE:
„Ich bring Kartoffelsalat mit." – „Komm, wir gehen kicken!" „Komm, Pflaster drauf und weiter!"

AUSSEHEN:
Nicht aufgebrezelt; normal bis sportlich; Freizeitkleidung; nicht unattraktiv

Die Kumpel-Muddi

TYPISCHER NAME:
Susanne

BERUF:
OnlineRedakteurin in Elternzeit

VERHALTEN:
Fährt dich zum Fußball; kennt sich aus; klettert zum Zuschauen auf einen Baum.

FAHRZEUG:
Gebrauchter VW-Bus mit 7 Sitzen

TYPISCHER NAME:
Jan

VERHALTEN:
Ernährungsbewusst; riecht entweder nach Schweiß oder nach Duschgel; fährt mit dem Fahrrad 20 Kilometer zur Arbeit – egal bei welchem Wetter.

Der Rad-sportler

FAHRZEUG:
3 Rennräder;
2 Hänger;
2 Mountain-bikes

BERUF:
Technischer Zeichner

AUSSEHEN:
Funktions-kleidung; Helm; Rennfahrerbrille; Reflexions-streifen

TYPISCHE ZITATE:
„Ich fahr noch mal kurz ne Triathlon-Runde." – „Heut fahr'n wir mal alle zusammen ne kleine Runde. Ich wart auch auf euch." – „Nun macht mal hinne jetzt! Ich kühle sonst aus."

Peinlich!

MUTTI WUSCHELT

Es gibt das Alter, so mit ca. drei Monaten, da will man von Mutti nicht mehr geknuddelt werden. Na gut, mal so alleine in der Küche, weil ich gerade nen schwachen Tag hatte ... aber hey, auf KEINEN Fall vor den Kumpels. Oder noch schlimmer, vor der Schule. Mutti will das aber immer, und je mehr Menschen gucken, desto besser. Irgendwann hat sie dann verstanden, dass das nicht geht, aber ihre neue Idee von öffentlicher Zuneigung ist: Haare wuscheln. Wieso? Sie ist doch diejenige, die sich morgens immer beschwert, dass ich „stundenlang" im Bad bin und es danach überall nach Haarspray riecht. Was meint Mutti denn, was ich da drin mache? Aber dann: Haare wuscheln!
Ey, das ist KUNST!
Aber am allerallerallerallerschlimmsten ist, wenn man es nicht schafft, rechtzeitig aus dem Auto zu springen, und sie einen doch noch erwischt hat, und ZACK, leckt sie sich den Finger und ab mit der Spucke in mein Gesicht, Krümel wegwischen. Uuuäääähhh!!!!

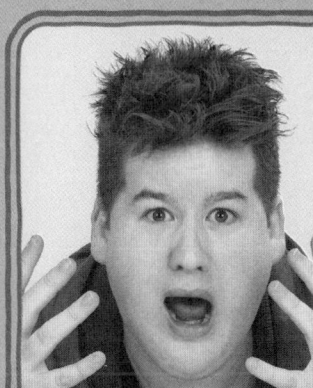

Die schlimmsten Elternsprüche: Nr. 131

„Wie läufst du wieder rum?!"

Ein ewiges Wunder: Muttis Handtasche

Was auch immer du brauchst:
Mutti hat's dabei. Einfach fantastisch.

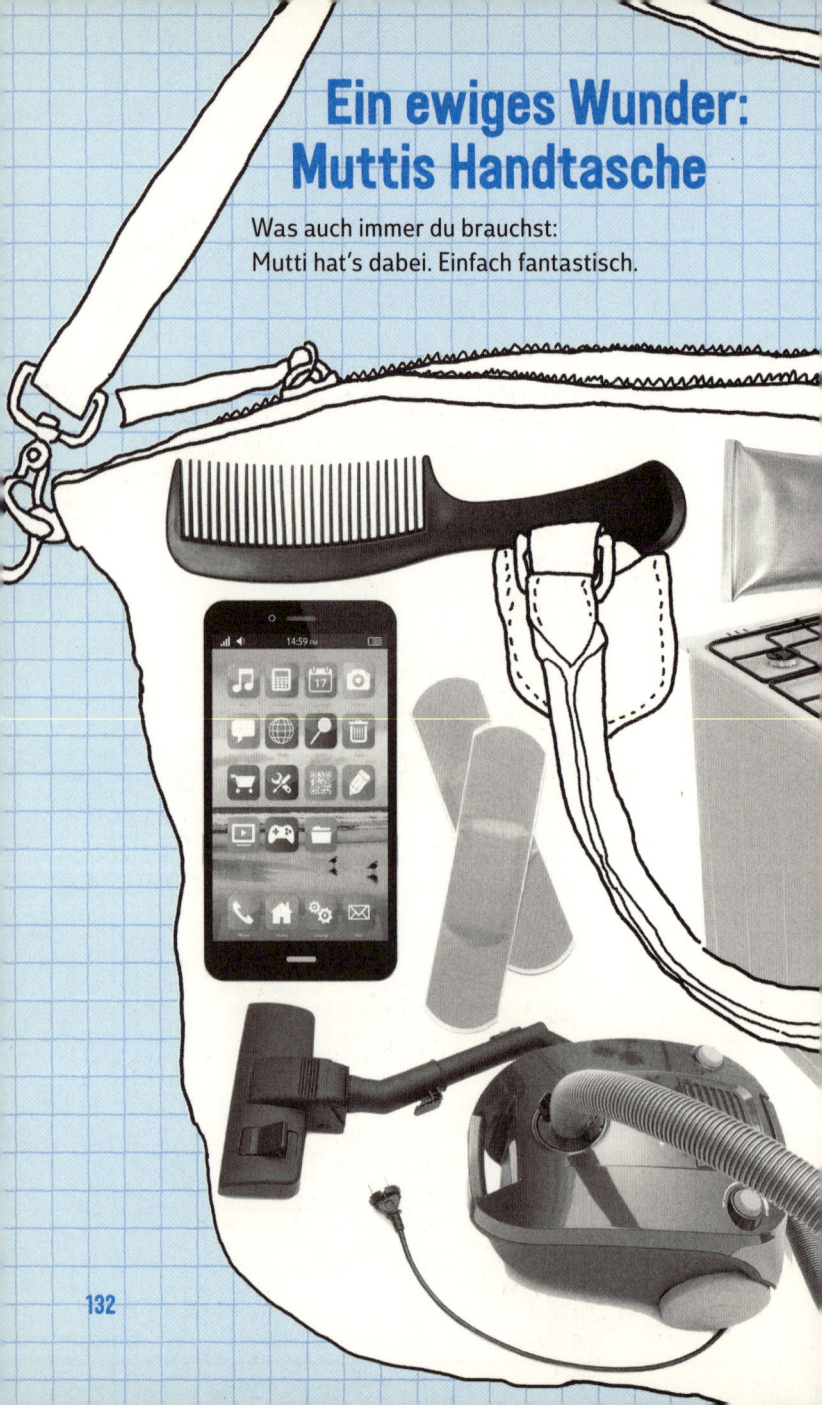

„Erwartet mein Kommen beim ersten Licht des fünften Tages.
Bei Sonnenaufgang, schaut nach Osten."
Gandalf

Tag zusammen! Also:

Reden wir über Mütter. Wird auch Zeit. Ich sitze gerade im Zug, mein Tablet hat noch 38 % Akku, und Oliver vom Verlag mahnt zur Eile. Nachwort, wo es denn bleibe, und überhaupt, husch husch. Recht hat er. Ich bin mal wieder spät dran. Der letzte Drücker, Sträter-Style.

37 % AKKU.

Also, Konzentration. Zuerst was zu Chris:

Chris Tall und ich lernten uns in Hamburg kennen. Dort findet gelegentlich der NDR Comedy Contest statt, moderiert von Lisa Feller, die man auch gut und gerne gut finden soll, muss und darf. Damals aber noch nicht. Also nicht NICHT GUT FINDEN jetzt – Lisa Feller moderierte den noch nicht, meine ich. Gut war der NDR Comedy Contest damals schon, aber nun ist er noch einen Tacken guter. Ist auch wursch. Jedenfalls gewann Chris da den Nachwuchs-Preis jener, die im Internet vorausgewählt werden, und rockte dann live hart. Ich indes kam, gewann nichts, ging dann, kehrte aber Monate später noch mal zurück und gewann dann, wäre aber, wenn ich nicht gewonnen hätte, vermutlich Monat um Monat zurückgekehrt, um dann stets als Erstes zu sagen: „Wie sieht's denn heute aus?", und das möglicherweise bis in alle Ewigkeit, was bei mir ja nun auch nicht mehr so lange hin ist.

Das bringt uns zu meiner Mutter. Sie lebt nicht mehr und fehlt mir jeden Tag. Aber ist das ein Grund, kein Nachwort für Chris zu schreiben?

Logisch. Dass ich es trotzdem tue, zeigt, wie gern ich ihn habe. Obwohl ich aus einer anderen Generation bin. Ich mein, ich bin 48, nein, wenn Sie das hier lesen, bereits 49, und Chris Tall ist jetzt …

12 oder so. Oder 20? Um die 20. Zahlen sagen sowieso nichts aus. Der Junge kann was. Gut, ich hab an meinen guten Tagen auch schwer den Bogen raus, aber Mann … mit Anfang 20? Was hab ich da gemacht? Auf der Bühne gestanden? In Kinofilmen mitgespielt? Oder Bücher geschrieben? Nein! Ich hab im Wesentlichen … Moment …

35 % AKKU.

… tja, also im Prinzip waren es zwei Tätigkeiten: onanieren und Moped fahren. Und das kam mir damals schon viel vor. Quasi Doppelbelastung. Vermutlich bin ich ein bisschen neidisch auf Chris. Möglich. Ich kann das zugeben.

Nun: Im Prinzip sollte ich Chris schon was mitgeben, so in meiner Eigenschaft als Ruhrgebiets-Gandalf. Ich gelte ja als weise. Und das Weitergeben von Wissen ist immer ein schöner Brauch, grade bei Nachworten. Doch muss ich zuerst einräumen: Ich bin nicht frei von Groll. Denn ich erinnere mich, dass Chris mal bei einem gemeinsamen Auftritt in Berlin, genauer gesagt in Herrn Hallervordens legendären Wühlmäusen, auf meine weißen Converse-Sneaker wies und sagte: „Geht das noch, in deinem Alter? Weiße Chucks?"

Ich möchte heute mild sein.

Der junge Mann ahnte ja nicht, in welcher Gefahr er da schwebte, er ist nur ein Bub, so sagte ich mir, ein talentierter Bub zudem, er konnte nicht ahnen, dass, wenn sich meine Augen zu Schlitzen verengen, Armageddon vor der Tür steht, die schwärende Hand bereits am Klingelknopf, und dass die Realität dünn wird wie Bibelpapier … woher sollte Chris von meinem Aggressionspotenzial wissen, und dass ich in einem Shaolin-Kloster aufwuchs, dort wegen Vandalismus entlassen wurde, mit acht zu den Navy Seals ging, die mir allerdings zu soft waren – ich wollte meine Kindheit nicht mit Lappen verbringen –, und folglich nach Laos auswanderte, komplette Stiere verzehrte und zu einer Art Gottheit wurde, um die Jahrtausendwende nach Europa zurückkehrte und zu dem Mann wurde, den heute jeder als DER MASKIERTE VERDAMMTE HALUNKE kennt! Eine dunkle Zeit des Blutes. Auf der Cranger Kirmes zerriss ich Männer, die dabei Telefonbücher zerrissen, einfach für ein paar Mark …

28 % AKKU. Menno.

Nun, ich rede nicht gern über die Vergangenheit. Ich habe an dem Tag damit abgeschlossen, als der HULK zu mir sagte: „Junge, woher kommt diese Wut?"

Jedenfalls, Chris, ich vergebe dir. Schwamm drüber.

So. Nachwort jetzt. Lieber Chris, ich wünsche dir viel Erfolg. Denk dran: Gewinnen ist nicht wichtig. Zufriedenheit reicht. Und immer aufrecht stehen. Und auch wenn das jetzt doof klingt: Hör auf deine Mutter. Man hat nur eine. Mütter sind die besten Menschen, direkt nach Omas, die sind noch eine Idee cooler, denn in Omas sind Mütter ja bereits enthalten … verstehst du? Omas sind die Matrjoschka-Puppen des Lebens.

Also hör auf die großen Frauen, egal ob Oma oder Mutter. Ich habe das immer getan. Ich erinnere mich noch gut, dass meine Mutter stets zu mir sagte, in diesem nur Müttern anhaftenden, mild anklagenden Tonfall:

„Torsten … wenn du schon zur Toilette gehst … jetzt mal als Tipp … schadet es durchaus nix, danach gelegentlich die Klobürste zu benutzen. Ja?"

Ja. Habe ich immer gemacht. Ich hatte dauernd Entzündungen am Arsch, aber auf Mütter hört man einfach.

22 % AKKU. Jetzt meldet sich diese Sau von Tablet alle paar Minuten.

Also, Kollege: Bleib, wie du bist. Außer du drehst einen Film. Die Leute da haben es ganz gern, wenn du dann jemand anders bist. Außer der Film heißt: „CHRIS TALL – STORY OF MY LIFE".

Gut, der Film wäre dann nur vier Minuten lang, du bist ja noch jung – und ist das nicht fein? Die Welt steht dir offen. Habe ich dir schon ein paar Mal gesagt. Dir steht die Welt offen, und ich muss jetzt in Mannheim umsteigen. Das Leben kennt seltsame Wege. Und sie müssen gegangen werden. Also: Du drehst Filme, hast ein Bühnenprogramm, nun ein schönes Buch. Fehlt nur noch die Wurst mit Gesicht. Egal: Ich muss jetzt hier raus! Habe die ganze Zeit im Bordrestaurant gehockt, das Vorwort geschrieben und mir auf den Sack gehen lassen.

Es gab nämlich nur noch einen Platz im ansonsten rappelvollen Zug. Hatte mir 'n Kaffee bestellt.

Eine Minute später betritt eine ältere Frau das Restaurant, sieht sich um, erblickt mich und sagt laut: „Ich möchte da sitzen. Sie trinken nur Kaffee! Ich werde etwas essen! Das ist mehr Umsatz fürs Bordrestaurant, also stehen Sie auf."

„Nee", sage ich.

Die Frau wendet sich an den Kellner: „Der da trinkt nur Kaffee, damit er einen Sitzplatz hat! Wenn ich mehr verzehre, darf ich da sitzen, richtig?"

Der Kellner blickt starr geradeaus. Scheint der Frau zu reichen.

„Ich nehme", sie blickt im Stehen auf die Karte, „die Maultaschen!"

Dann starrt sie mich triumphierend an.

„Ich nehme zweimal die Maultaschen", sage ich.

„Dann nehme ich sie dreimal! Dreimal Maultaschen bitte!"

Der Kellner notiert.

„Viermal Maultaschen", sage ich, „und einmal Chili con Carne. Und 'ne Cola!"

„Fünfmal die Maultaschen bitte!" Sie schreit nun fast. „Und den Sauerbraten! Und zwei Cola!"

„Achtmal Maultaschen! Fünf Cola. Drei Belgische Waffeln! Zweimal Chili."

Der Kellner sieht die Frau an. „Achtmal Maultaschen und Chili, jemand mehr als achtmal Maultaschen und Chili, die Dame?"

„Zehn!", kreischt sie. „Zehnmal die Maultaschen und zwanzig Belgische Waffeln und acht Cola!"

„Ich bin raus", sage ich und hebe die Hände. „Zahlen bitte."

„Ein Kaffee, 2,80", sagt der Kellner. Dann wendet er sich an die Frau. „Ihre Bestellung dauert einen Moment. Wir bringen das nach und nach."

Na ja, kennst das ja.

So. Ab zu Gleis 5.

Wir sehen uns!

Torsten Sträter, im Juli 2015

Danke!

Ich möchte mich ganz herzlich bei allen Menschen bedanken, die mich auf meinem Weg und speziell bei diesem Projekt unterstützt haben, als da wären:

Sascha Korf, Torsten Sträter, Bastian Pastewka, Mona Sharma, Kay Ray, Cindy aus Marzahn, Ingmar Stadelmann, Martin Brindöpke, Carsten Sander, Robert Maschke, Sven Knoch, Maryvonne Wuillemin, Marcus Budde, Renate Berger und Nadine Lessmeister!

Natürlich verbeuge ich mich vor dem Carlsen Verlag – allen voran Oliver Domzalski und Anna Herberhold – und vor allen anderen Kollegen. Dann winke ich herzlich den Kosmosmedia-Girls, dem Team der Barner Mastella Bendin GbR und Armin Delmar von der Sony Music Entertainment Germany GmbH!

Außerdem ein riesengroßes Dankeschön mit viel Liebe an das weltbeste Agenten-Team von hb management mit Grüßen an das hbaby …! Denise, Julia, Burkhard, Heidrun … Ihr seid Knaller!
Danke an meine engsten Freunde:
Timo, Dennis, Hauke, Alain, Faisal, Martin … 💜

… an meine bessere Hälfte:
Sabrina 💜!

Und last, but not least danke ich meiner fantastischen Familie:
Mama, Papa, Jenny, Jan, Leonie, Emily, Lena, Börgi, Melli, Michi, Jane, Manu, Björn, Pedi, meinen Omis und meinem Opi!

Liebe Grüße

Euer Chris Tall

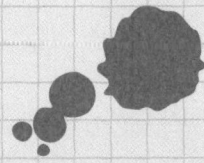

© Chris Tall / Carlsen Verlag GmbH, Hamburg, September 2015

Umschlaggestaltung: Christina Hucke
unter Verwendung einer Fotografie von Sibylle Zettler
(www.sibyllezettler.com)

Lektorat: Oliver Domzalski

Redaktion: Anna Herberhold
Layout und Satz: Christina Hucke
Druck und Bindung: CPI books GmbH, Leck

ISBN: 978-3-551-68510-0

Printed in Germany

www.carlsenhumor.de

MIX
Papier aus verantwor-
tungsvollen Quellen
FSC
www.fsc.org   FSC® C083411